Maria da Glória Gohn e Breno M. Bringel (orgs.)

# Movimentos sociais na era global



EDITORA VOZES

Petrópolis

Rua Frei Luís, 100
25689-900 Petrópolis, RJ
www.vozes.com.br
Brasil



*Editoração*: Fernando Sergio Olivetti da Rocha
*Diagramação*: Alex M. da Silva
*Capa*: Humberto Nunes

ISBN 978-85-326-4369-8

Este livro foi composto e impresso pela Editora Vozes Ltda.

# Sumário

# Apresentação

## A discussão contemporânea sobre os movimentos sociais

*Maria da Glória Gohn*
*Breno Bringel*

Desde a institucionalização acadêmica dos movimentos sociais como objeto de estudo na década de 1960 no Ocidente, várias teorias e paradigmas vêm abordando o tema a partir de diferentes perspectivas. Das abordagens que se convencionou chamar de "clássicas", provenientes principalmente da Europa e dos Estados Unidos, que orientaram grande parte dos estudos na América Latina, passamos a um período no qual alguns daqueles enfoques passam a ser revistos (ainda que sem perder totalmente sua relevância), e outros foram redescobertos. O desenvolvimento deste debate, que já tinha ocorrido na Europa e nos Estados Unidos nos anos de 1980-1990, principalmente entre abordagens provenientes do marxismo, dos novos movimentos sociais, e da teoria da mobilização de recursos e da mobilização política, levou, na América Latina, a outros desdobramentos, tais como a reconstrução das teorias pós-coloniais e a redescoberta (agora com nova roupagem) da abordagem norte-americana da Teoria da Mobilização Política. Esta última tem levado os analistas latino-americanos a recolocarem as indagações centrais deste enfoque em busca de respostas para os movimentos da atualidade, quais sejam: Por que as pessoas participam de movimentos sociais? Por que em alguns momentos há maior grau de mobilização que em outros? Como as estruturas de oportunidades políticas afetam as dinâmicas de mobilização e desmobilização? Como pensam os movimentos sociais como portadores de mensagens e criadores de significados? Como os movimentos sociais se relacionam com as políticas públicas e outros atores sociais e políticos?

No cenário do mundo globalizado a partir do final do século XX, observa-se: a rearticulação das formas de dominação, nova (re)divisão internacional do trabalho entre os Estados-nações operada pelas políticas econômicas contemporâneas e os novos mecanismos de ação dos mercados e agentes financeiros, novas políticas públicas nas quais o Estado passa a ser gestor/controlador e não promotor direto de bens e serviços; e novas práticas sociais em um mundo crescentemente moldado pela complexidade. Esta globalização assimétrica se beneficiará da importância crescente das redes e dos fluxos das novas tecnologias de informação e comunicação. Isto tudo levou a uma reestruturação das formas de organização e de protestos das ações coletivas e dos movimentos sociais nas últimas duas décadas. Entre as dinâmicas e elementos que merecem atenção especial destacam-se:

a) O aparecimento de um ativismo internacional e transnacional multiescalar, recuperando, com novas temáticas, relações e instrumentos de ação, formas que estiveram presentes a partir do século XIX, sob outras temáticas, vínculos e ideologias, tais como as internacionais.

b) Uma renovação dos atores sociais (que compartilham e dão sentidos diferentes à cena da mobilização social e da ação coletiva), que se diferenciam das gerações de militantes dos anos de 1960-1980 (socializadas com experiências e influências diversas: das esquerdas, da oposição aos regimes políticos locais, especialmente os regimes militares, da atuação da Igreja cristã na América Latina nas décadas de 1970 e parte de 1980, e do cenário socioeconômico, de profundos contrastes e injustiças sociais). O reencaixe temático das lutas e movimentos levou também ao reposicionamento de sujeitos políticos relevantes (como é o caso, p. ex., dos indígenas na região andina, de um ativismo rural cada vez mais proativo em diferentes regiões do mundo, e de movimentos de luta em defesa da diversidade cultural, sexual etc.).

c) O alargamento do campo participativo-institucional e de um "paradoxo democrático" no mundo ocidental, que pode ser resumido na ideia de que o ideal democrático é cada vez mais geral, mas os regimes que o reivindicam suscitam fortes críticas e reticências.

d) A mudança significativa no cenário internacional (globalização, guerras, crises econômicas, novas disputas pela hegemonia etc.) e regional (um reposicionamento relativamente mais autônomo da América Latina no sistema-mundo e uma maior abertura brasileira – ainda que contraditória – aos vizinhos latino-americanos).

e) Uma tendência crescente à articulação de críticas ao eurocentrismo e ao "ocidentocentrismo" ainda imperante nas ciências sociais, de forma geral, e na sociologia dos movimentos sociais, de maneira particular. No passado estas críticas focalizavam-se em termos como centro/periferia, desenvolvimento/subdesenvolvimento; Primeiro Mundo/Terceiro Mundo etc. Hoje proliferam as referências a outras tensões, tais como local/global ou Norte/Sul e suas respectivas rupturas dicotômicas como "glocal" e "Sul Global", entre outros.

Estes e outros fatores têm repercutido, direta e indiretamente, nas interpretações contemporâneas sobre os movimentos sociais. Destacam-se, por um lado, um amplo debate epistemológico sobre a produção de conhecimento no mundo contemporâneo que, no campo dos estudos dos movimentos sociais, traduz-se frequentemente no reconhecimento dos movimentos sociais (e outros atores sociais, como Ongs, entidades do Terceiro Setor etc.) e espaços não acadêmicos como produtores de conhecimento. Dito debate se nutre, *inter alia*, da crítica feminista, pós-colonial, da pedagogia freireana que avançaram na direção de métodos de intervenção na realidade social via investigação/ação participativa; e de aportes da tradição ensaística latino-americana das décadas de 1960 e 1970. Por outro lado, em um plano mais ontológico, após as tensões clássicas entre os "estruturalistas" e os "acionalistas" da década de 1980, muita ênfase tem sido dada às considerações mais fenomenológicas, reflexivas e relacionais sobre os movimentos sociais.

De modo geral, pode-se destacar também: a) o aparecimento de análises que não se restringem às disciplinas mais habituais no estudo dos movimentos sociais (com a sociologia como ponto central, articulada com a ciência política, a psicologia social, a antropologia, a educação, o planejamento urbano e a história), mas que tencionam e dialogam com estas (com destaque para a geografia e as relações internacionais que trazem aportes para entender as dinâmicas espaciais e internacionais do ativismo contemporâneo); b) análises que reivindicam, no caso latino-americano, uma descolonização do saber e do poder para pensar os movimentos sociais desde um "pensamento fronteiriço", a partir das experiências ou a partir de uma "sociologia das ausências e das emergências"; c) uma preocupação por interpretar formas "não convencionais" de ativismo e de contestações sociais que não necessariamente são canalizadas ou construídas via movimentos sociais.

Esta redefinição do campo de pesquisa sobre a ação coletiva e os movimentos sociais é extremamente rica no que se refere à pluralização do debate, porém também implica alguns problemas. Gostaríamos de mencionar, de forma explícita, dois deles, com suas respectivas implicações para o debate teórico. O primeiro deles tem a ver com o risco de abandono da discussão teórica – que deve ser sempre histórica e empiricamente orientada – sobre os movimentos sociais *per se*, na medida em que a abertura do campo de estudos leva à consideração de atores, temas e processos muito diversos. Isto tem, de fato, acontecido em duas direções principais: em primeiro lugar, a partir da consideração de uma visão ampla de "sociedade civil", muito forte no debate brasileiro no final dos anos de 1980 e ao longo dos de 1990, onde os movimentos sociais são um dos atores. Em segundo lugar, o programa de pesquisa norte-americano articulado em torno à noção de *contentious politics* (confronto político) inclui revoluções, rebeliões, nacionalismos e terrorismo, entre outros temas, deslocando o estudo dos movimentos sociais em si para um segundo plano; ou até mesmo sugerindo desconsiderá-los, pois as novas formas não incluiriam, na maioria dos casos, a "forma movimento" propriamente dito. Ao problematizar essa questão não defendemos um fechamento absoluto ou uma especialização acadêmica centrada somente nos movimentos sociais, mas gostaríamos de chamar a atenção para a escolha das lentes analíticas, os recortes de pesquisa e os interesses acadêmicos como elementos que revelam (ou obscurecem) o papel dos movimentos sociais na sociedade contemporânea. Pensamos que os movimentos sociais continuam sendo atores centrais (ainda que logicamente não exclusivos nem portadores da "melhor" ou "única" mensagem transformadora) dos processos e dinâmicas de protestos e luta por mudanças e justiça social no mundo contemporâneo. Uma questão de fundo tem a ver com a própria definição do que os diferentes atores e agentes sociais, que se apresentam como movimento social, estão entendendo por movimento social (ou ressignificando alguma prática social como movimento).

O segundo problema está ligado a interpretações para definir as rearticulações das práticas dos atores sociais na contemporaneidade. Dentre as chamadas "novas práticas", várias ocorrem no interior de movimentos já existentes, com a incorporação de novas temáticas e formas de organização e comunicação. Não se pode esquecer, contudo, que as "novidades" convivem com as "continuidades", motivo pelo qual os movimentos podem ser entendidos como objeto/sujeito privilegiado de atores e práticas sociais que, assim como as identidades, estão em contínua reinvenção. Não se trata mais de contrapor os "novos" movimentos sociais – nucleados em torno de questões identitárias, tais como sexo, etnia, raça, faixa etária etc. – aos "velhos" movimentos, dos trabalhadores, como Claus Offe e outros fizeram na década de 1980, por exemplo. Tampouco se trata de contrapor tipos de movimentos ou ações coletivas, e nem paradigmas teóricos interpretativos como mais ou menos adequados, até porque todos eles continuam a coexistir com os novos. Trata-se, em suma, de reconhecer a diversidade de movimentos e ações civis coletivas, suas articulações e os marcos interpretativos que têm lhes atribuído sentidos, significados e os têm trazido à luz no campo da investigação sociológica. O título deste livro, *Movimentos sociais na era global*, remete à importância de abordar os movimentos sociais para além das fronteiras nacionais (e do nacionalismo metodológico) e à necessidade de uma reconstrução sistemática da agenda de pesquisa sobre os movimentos sociais brasileiros *vis-à-vis* a literatura e a experiência recente dos vizinhos latino-americanos e do ativismo social no cenário internacional.

Tudo isso se justifica confrontando a própria trajetória dos estudos dos movimentos sociais no Brasil. O período de transição à democracia despertou grande interesse dos analistas brasileiros no estudo das ações coletivas e os movimentos sociais. A década de 1980 marcou, de certo modo, a institucionalização deste debate no país através da emergência de análises altamente qualificadas que até hoje são importantes referências. Naquele momento os "novos" movimentos sociais brasileiros adquiriram suas próprias especificidades e chegaram a ser um tema central das ciências sociais no país. Contudo, a década de 1990 marcou um período de refluxo no debate sobre os movimentos nas entidades de pesquisa, quando, por exemplo, grupos de trabalho redefiniram ou reorientaram seus objetos ou focos centrais de investigação. Contraditoriamente, nesta mesma década, na academia, houve um aumento do número de teses e dissertações a respeito dos movimentos sociais. Vários livros que se tornaram referências na produção acadêmica sobre o tema foram publicados também nesta década. No cenário dos anos de 1990 progressivamente observa-se uma hegemonia das reflexões em torno das políticas públicas que contemplariam "novíssimos" atores de movimentos sociais agora incorporados à lógica política institucionalizada, bem como temáticas sobre as novas formas de gestão social e às formas de participação política no âmbito de diferentes instâncias estatais. Em alguns dos novos estudos os atores sociais participantes das novas práticas institucionalizadas apareceram desligados de uma dimensão associativa que os enquadrava em cenários de conflituosidade política e social; criadores de instâncias coletivas de ação em constante (re)significação e em eventual situação de antagonismo perante o cenário político institucional.

Nos últimos anos da primeira década do novo século houve uma recuperação do debate sobre os movimentos sociais no Brasil e em outras partes do mundo. As intensas mobilizações na América Latina e a atuação do denominado "movimento antiglobalização" contribuíram para isso. O cenário pós-2010 aprofunda e amplia dito interesse, com o retorno das marchas e mobilizações nas ruas, no Oriente Médio, na Europa, nos Estados Unidos e em vários países da América Latina. Observa-se certo esgotamento do debate anterior sobre as "novas formas participativas" ligadas ao institucional que negligenciaram a dimensão mais "movimentalista" porque várias pesquisas apontaram os limites daquelas práticas, a repetição de antigas formas de controle e dominação no campo social, a perda de autonomia dos movimentos sociais, assim como a incapacidade das mesmas para explicar o "retorno" dos movimentos e mobilizações sociais nas ruas e praças. Por outro lado, é notório o "efeito contágio" entre a alta intensidade dos movimentos sociais no século XXI e o interesse acadêmico pelo tema em diferentes países. Muitas dessas lutas, ainda que localizadas e delimitadas territorialmente, não são estritamente locais e contribuíram para inserir uma dimensão latino-americana e global em muitas das lutas sociais brasileiras, ao passo que ampliou o interesse dos pesquisadores brasileiros nos movimentos, redes e protestos produzidos em outros lugares, países e regiões.

Nessa mesma linha, a publicação de uma série de dossiês temáticos em conhecidas revistas brasileiras constitui uma mostra significativa deste interesse renovado sobre o estudo dos movimentos sociais. Sessões, painéis e grupos de trabalho por nós organizados em eventos nacionais (Sociedade Brasileira de Sociologia) e internacionais (Fórum Social Mundial, Associação Internacional de Sociologia, Associação Internacional de Ciência Política e Associação Latino-americana de Sociologia) realizados no Brasil confirmam dito interesse.

Foi justamente no diálogo com vários colegas nesses diferentes eventos e espaços que surgiu a ideia deste livro que não pretende - nem poderia - esgotar as possibilidades de manifestações atuais dos movimentos sociais, mas que tem como objetivo oferecer ao leitor interessado algumas de suas facetas atuais mais relevantes, explorando tanto questões teórico-metodológicas como a rearticulação das práticas coletivas, com especial ênfase para as contestações transnacionais próprias da era global. Sua importância reside em contribuir para uma inserção crítica e mais sincrônica do debate brasileiro com a comunidade acadêmica latino-americana e internacional, contando com contribuições de colegas de outros países da América Latina e da Europa. Boa parte dos textos aqui reunidos são fruto de atividades organizadas entre 2008 e 2011 nos espaços anteriormente mencionados, enquanto outra parte das contribuições são textos originais escritos ou adaptados expressamente para esta publicação. Isto nos induz a dizer que não se trata de uma mera coletânea de artigos, senão de um volume cuja maioria dos capítulos, embora expressem interesses individuais de pesquisa dos respectivos autores e uma grande pluralidade de visões e posições teórico-metodológicas, estão norteados por alguns "denominadores mínimos comuns" de discussão e foram beneficiados por encontros, debates, conferências e sugestões.

O livro está dividido em três partes. A primeira parte dedica-se a reflexões teórico-metodológicas no estudo dos movimentos sociais e conta com os capítulos de Maria da Glória Gohn, Alfredo Falero, Breno Bringel e José Mauricio Domingues, e Jaime Preciado e Pablo Uc, que buscam avançar, com ênfases e diálogos variados, na renovação teórica sobre o tema. Os limites e possibilidades do debate contemporâneo, a interação entre teoria crítica e teorias dos movimentos sociais, a abertura de pistas cognitivas que possibilitem uma interpretação criativa dos sujeitos sociais, assim como o entendimento da dimensão espacial, territorial e geopolítica dos movimentos sociais aparecem como eixos centrais. Embora esta discussão teórica tome a América Latina como marco referencial, dialoga com dinâmicas e processos de outros lugares e com a literatura internacional, com o intuito de situar a região e a produção de conhecimento sobre os movimentos sociais no atual cenário de crise global e de renovação dos estudos dos movimentos sociais.

A segunda parte do livro, sem renunciar a voos teóricos, debruça-se principalmente na reconfiguração recente das ações coletivas e das práticas dos movimentos sociais. Estes textos – de autoria de Fabricio Pereira, Ilse Scherer-Warren, Céli Regina Jardim Pinto, e Marcia Carballo e Enara Echart – analisam relevantes casos que vão desde as dinâmicas dos movimentos sociais na América Latina contemporânea (em particular, no Brasil, na Venezuela, na Bolívia e no Equador) às manifestações da "Primavera Árabe" e dos "Indignados" na Espanha. De forma paralela, trazem debates temáticos centrais nas articulações dos atores sociais hoje, tais como a geração de direitos em tempos globais e as interações entre migrações e movimentos sociais.

Finalmente, a terceira parte do livro aborda algumas dimensões das contestações e do ativismo transnacional. Contamos aqui com as contribuições de Geoffrey Pleyers, Flávia Braga Vieira, Suylan Midlej e Marisa von Bulow e Priscila Carvalho que, a partir de estudos de casos diversos (como o Fórum Social Mundial, o Movimento Antiglobalização, a Via Campesina Internacional, a campanha brasileira contra a Alca e as redes de organizações que incidem no debate sobre agricultura familiar no Mercosul), revelam diferentes caminhos para a internacionalização dos atores sociais, assim como interpretações variadas (com suas respectivas implicações teóricas, metodológicas e políticas) sobre o fenômeno do ativismo transnacional e dos movimentos sociais na era global.

Parte I

# Movimentos sociais: desafios teórico-metodológicos

# 1
# Teorias dos movimentos sociais na contemporaneidade

*Maria da Glória Gohn*

## Apresentação - Antecedentes

Este capítulo apresenta o debate contemporâneo sobre as teorias dos movimentos sociais por dois caminhos. O primeiro recupera a trilha de estudos sobre a temática dos movimentos sociais na América Latina. O segundo apresenta um panorama geral sobre as teorias agrupadas em cinco grandes enfoques teóricos, a saber: eixos culturais, centralidade no tema da justiça social, a resistência como foco básico, teorias pós-coloniais e as teorias com ênfase nos aspectos institucionais das ações coletivas.

As motivações e razões para a realização deste capítulo continuam as mesmas que motivaram a produção de meus dois livros anteriores sobre o tema (GOHN, 2010a; 2011a): a escassez de textos na literatura sobre as teorias a respeito dos movimentos sociais. Apesar de termos produção a respeito na língua inglesa e francesa, e alguns artigos recentes no Brasil, eles são insuficientes e parciais (cf. FOREWAKER, 1995; MORRIS & MUELLER, 1992; SNOW; SOULE & KRIESI, 2004). A Sociologia também tem contribuído para uma Sociologia dos Movimentos Sociais, destacando-se Banks (1972); Neveu, (1996); Lineira (2004), e Alonso (2006).

Vários analistas afirmam que a teorização sobre os movimentos sociais é a parte mais difícil e onde se encontram as grandes lacunas na produção acadêmica. Por quê? Concordamos com Melucci, eles *são "parte da realidade social na qual as relações sociais ainda não estão cristalizadas em estruturas, onde a ação é portadora imediata da tessitura relacional da sociedade e do seu sentido [...] eles são uma lente por intermédio da qual problemas mais gerais podem ser abordados, e estudá-los significa questionar a teoria social e tratar questões epistemológicas como: O que é a ação social"* (MELUCCI, 1994: 190). Ou seja, os movimentos transitam, fluem e acontecem em espaços não consolidados das estruturas e organizações sociais. Na maioria das vezes eles estão questionando estas estruturas e propondo novas formas de organização à sociedade política. Por isso eles são inovadores – como já nos indicava Habermas nos anos de 1970 –, como lumes indicadores da mudança social; ou o coração da sociedade, seu pulsar, nos dizeres de Touraine (1978).

A partir dos anos de 1960, em várias regiões acadêmicas do mundo ocidental, o estudo dos movimentos sociais ganhou espaço, densidade e *status* de objeto científico de análise. Isto ocorreu porque, em parte, os movimentos ganharam visibilidade na própria sociedade, enquanto fenômenos históricos concretos. De outra parte houve o desenvolvimento de teorias sobre o social, e as teorias sobre as ações coletivas ganharam novos patamares, em universos mais amplos.

## Os estudos sobre os movimentos sociais na América Latina (1970-1990)

A categoria tempo histórico, expressa na dicotomia entre o velho/novo, teve um papel central nos debates sobre os movimentos sociais ao final dos anos de 1970. No Brasil, intelectuais da academia e setores da esquerda que se organizavam na resistência ao regime militar discutiram a questão: Como nasce o novo?

Qual a diferença entre o novo e a novidade? Na Europa e nos Estados Unidos as "novidades" das ações coletivas tinham ocorrido nos anos de 1950-1960, com o movimento dos direitos civis, das feministas, movimentos pacifistas, ambientalistas, e movimentos de estudantes e culturas alternativas. Passaram a ser denominados "novos movimentos sociais". Introduziram questões culturais e formataram identidades. Delimitaram duas fases no debate acadêmico sobre os mesmos: os "clássicos", cujo foco eram as lutas sociais do movimento operário, predominando a abordagem marxista nas análises, e a abordagem dos "novos movimentos sociais", compostos predominantemente pelas camadas médias. O texto de Claus Offe (1987) resgata magistralmente aquela dicotomia.

Na América Latina, a partir dos anos de 1960, o novo era o movimento popular articulado por vários agentes sociais, destacando-se grupos da esquerda e a Igreja cristã e seu ecumenismo da época, suas ações pastorais, os Centros Comunitários, os Centros de Defesa dos Direitos da Pessoa Humana etc. As novidades, contudo, conviviam com as formas antigas de organizações e movimentos sociais - clientelistas, associadas a partidos políticos; ou libertárias - focadas nos novos movimentos europeus de direitos identitários. Portanto, os movimentos eram múltiplos, diferenciados. Entretanto, as teorias que orientaram a produção brasileira a respeito dos movimentos sociais, nas décadas de 1970 e parte de 1980, originavam-se, majoritariamente, de paradigmas europeus - construídas a partir de outros tipos de movimentos, tendo predominância nos anos de 1970 a vertente marxista e nos anos de 1980 a abordagem dos novos movimentos sociais. Nos estudos baseados nas teorias marxistas destacaram as categorias: hegemonia, contradições urbanas, campo de força popular, sujeitos históricos, emancipação, espoliação urbana e lutas sociais. Nos estudos que aplicaram o paradigma dos novos movimentos sociais, as categorias autonomia e identidade foram os maiores destaques, seguidas de outras como sociedade civil, cidadania, participação social, justiça social etc. Os trabalhos publicados nos anos de 1980, no Brasil especificamente, referiam-se, na grande maioria, a estudos de casos, abordando-se movimentos em nível local, regional, nacional; poucos estudos se dedicaram a estudos comparativos; alguns mapearam o universo das lutas, movimentos e organizações em determinado período de tempo na história. A maioria, entretanto, adotou recortes delimitados do tipo: relação com a Igreja, com os partidos políticos, com o Estado etc.

Nos anos de 1990 a temática da "crise dos movimentos" predominou inicialmente, logo sendo substituída pela questão da participação institucional da sociedade civil. A correlação sociopolítica pós-Constituição de 1988 e o retorno à democracia mudaram de lugar e de posição vários atores sociais que antes estavam junto aos movimentos sociais populares, como assessores. A Igreja cristã foi uma delas e o tempo das mobilizações e reivindicações se encerrou nesta época, ainda que a Igreja tenha continuado envolvida politicamente, passando da ação sociopolítica para a ação de ajuda assistencial aos indivíduos (IFFLY, 2010). Neste cenário houve releituras das teorias vigentes na análise dos movimentos, resultando também na criação de outras categorias de análise tais como: inclusão social/exclusão social, descentralização, espontaneidade, redes de solidariedade, Terceiro Setor privado e público, capital social, protagonismo, território, escalas, mobilização, responsabilidade social, compromisso social etc.

A elaboração de um paradigma específico à América Latina estava presente no debate incipiente que se observa nos trabalhos acadêmicos, colocando vários dilemas. Um deles se refere à ênfase na estrutura (dada pelos marxistas – em relação às classes sociais) *versus* a ênfase da ação do ator social (dada pelos pesquisadores europeus dos novos movimentos sociais). Categorias macro e micro agrupavam dois universos distintos de análises. Este debate esteve presente na segunda metade dos anos de 1980 entre norte-americanos e europeus, resultando em outro dilema: Qual o objetivo e o significado dos movimentos? Construir estratégias (americanos) ou identidades (europeus)? Na América Latina a controvérsia que existiu nos anos de 1990 dividiu, de um lado, os estruturalistas, e, de outro, os interacionistas. Os primeiros postulavam que é necessário primeiro mapear as condições estruturais, desde a gênese explicativa das causas, as consequências e as influências dos movimentos, a partir de uma análise que enfoca a realidade objetiva: as desigualdades sociais, as discriminações, a repressão e a exploração, as ações estratégicas, dando-se atenção também às ideologias, assim como as possibilidades de consciência e de organização dos grupos e movimentos. Esta análise enfatizava o potencial de transformação dos movimentos sociais. O segundo enfatizava os conflitos políticos, as estratégias de mobilizações, as relações de poder, o papel das lideranças, as alianças, e os aspectos subjetivos presentes nas frustrações, queixas, reclamações, demandas etc. Destaca-se a capacidade dos movimentos de construir identidades políticas por meio de processos discursivos. A ênfase mais interacionista postula que é impossível entender as ações políticas como dedução direta das estruturas econômicas.

Outro dilema presente no paradigma latino-americano diz respeito à controvérsia sobre o território onde se movem os movimentos sociais. Uns advogam a ênfase nos fatores sociopolíticos e outros nos político-econômicos. Os primeiros se filiam à corrente dos novos movimentos sociais e destacam o processo de construção da identidade política dos movimentos e o potencial de resistência (cultural) dos mesmos. Os segundos enfatizam a questão do poder econômico e as estruturas de dominação política.

Em síntese, a produção sobre os movimentos sociais nas últimas duas décadas do século XX caracterizou-se por três pontos. Primeiro, uma grande vitalidade de estudos de natureza mais empírico-descritiva, centrados nas falas dos agentes. Embora pouco analíticos, eles conferiram às Ciências Sociais na América Latina grande dinamismo e renovação. Segundo, a localização da maioria destes estudos nos programas de pós-graduação no país. Assim, antropólogos estudaram os movimentos indígenas; a política, a sociologia urbana e o planejamento urbano pesquisaram sobre os movimentos sociais populares; o direito e a arquitetura acompanharam as questões ligadas à terra e à moradia etc. Terceiro, a utilização teórica de paradigmas referenciais de análise construídos em realidades diversas de onde os movimentos ocorriam de fato. O paradigma europeu, em suas várias vertentes para a análise dos dados da realidade, foi bastante utilizado no Brasil. Disto resultou: de um lado na utilização acrítica de teorias elaboradas no exterior, muitas vezes incorporando categorias que se opõem no debate teórico; de outro lado, um certo silêncio sobre o paradigma norte-americano, assim como o debate entre seus teóricos com teóricos europeus, nos anos de 1980. Destaque-se ainda a ínfima importância dada neste debate a produção e a própria existência dos movimentos na América Latina.

## O debate a partir dos anos de 2000 – Teorias contemporâneas

O novo cenário sociopolítico e econômico altera o quadro das mobilizações advindo dos anos de 1990. As dicotomias, sempre presentes nos debates internacionais sobre os movimentos, mudam de foco para local/global, Norte/Sul. Novas versões teóricas são desenvolvidas na América Latina com as teorias pós-coloniais; novas expansões ocorrem nas teorias já existentes, tais como as culturalistas; estudos e pesquisadores das teorias marxistas retomam o debate da identidade de classe dos movimentos; e teorias que tinham hegemonia na América do Norte, tais como a da Mobilização Política, do Paradigma Norte-Americano, penetram na realidade latino-americana e passam a ser eixos referenciais básicos para muitos pesquisadores. Erroneamente muitos destes pesquisadores têm denominado estas últimas como abordagens renovadas. O fato novo é a sua difusão e aceitação no Brasil e em outros países latino-americanos; a novidade é a sua redescoberta e a difusão de seu uso. Parte pode ser explicada pela nova conjuntura política, onde forças sociopolíticas, que antes eram oposição, ascenderam ao poder e implementaram políticas públicas na área social de recorte participativo e, às vezes, deliberativo. Isto criou um campo fértil para as análises que enfatizam os aspectos institucionais, um dos marcos das análises da Teoria da Mobilização Política. O decréscimo da influência da teoria marxista nos anos de 1990 entre as gerações mais jovens de pesquisadores, junto com o crescimento das análises pós-modernas, são outros fatores explicativos para a "redescoberta" do paradigma norte-americano.

Outro destaque da atualidade é a grande ênfase dada às abordagens fenomenológicas, reflexivas e relacionais sobre os movimentos sociais, em detrimento das abordagens históricas e estruturais, centradas em categorias como classes sociais, lutas de classe, exploração do capital, condições estruturais da reprodução do capital e da força de trabalho, predominantes na produção sobre os movimentos sociais nas décadas de 1970 e parte de 1980. Com isto, as novas abordagens destacam identidades e subjetividades coletivas, redes de pertencimento, laços de confiança etc. já presentes na sociologia do interacionismo simbólico a partir dos anos de 1920.

Neste novo século a preocupação com as redes sociais e digitais leva às abordagens que as tomam como processos em andamento e busca construir metodologias para captar as conexões entre o global e o local, suas interações cognitivas a partir de rastros dados pela comunicação e mídias digitais. O trabalho do pesquisador é cognitivo e político porque ele deve realizar um rastreamento para elaborar uma cartografia de processos sociais "se fazendo" e não já dados, prontos ou acabados. Recomenda-se retraçar os percursos, captando-se as inquietações, os conflitos e as controvérsias porque as redes são polissêmicas, diversas e não unívocas. Os estudos destacam como os atores tecem seus percursos na rede, mas o pesquisador continua esta tessitura ao elaborar suas cartografias. Algumas das questões que se colocam são: Quais espaços cognitivos e políticos acionam, que saberes constroem, como se autorrepresentam, qual a cartografia de seus embates coletivos? (LATOUR, 2005).

Na primeira década do século XXI, de forma geral, observam-se cinco eixos analíticos nas teorias sobre os movimentos sociais, a saber:

> 1) Teorias construídas a partir de eixos culturais, relativas ao processo de construção de identidades (atribuídas ou adquiridas), onde diferentes tipos de pertencimentos são fundamentais a um dado território, grupo étnico, religião, faixa etária, comunidade ou grupo de interesses; assim como as dimensões da cultura das pessoas. Criam-se vínculos e as ações são fruto de processos de reflexividade, os sujeitos participantes constroem sentidos e significados para suas ações a partir do próprio agir coletivo (cf. Melucci, Touraine, Dubet, Klandermans, Swidler, entre outros).
>
> 2) Na primeira década do novo século alguns pesquisadores dos movimentos sociais recorreram à teoria crítica, aos novos mestres da Escola de Frankfurt para fazerem novas articulações a exemplo das teorias sobre o reconhecimento de Axel Honneth; ou teorias de feministas como Nancy Fraser; ou abordagens da multiculturalidade, com S. Hall, B.S. Santos. As teorias buscadas foram: eixo da justiça social que destacam as questões do reconhecimento (diferenças, das desigualdades etc.) e nas questões da redistribuição (bens ou direitos, como forma de compensar as injustiças historicamente acumuladas).
>
> 3) Teorias que destacam a capacidade de resistência dos movimentos sociais, as elaborações sobre o tema da autonomia, das novas formas de lutas em busca da construção de um novo mundo, de novas relações sociais não focadas/

orientadas pelo mercado, mas na luta contra o neoliberalismo. Nesta abordagem critica-se veementemente a ressignificação das lutas pelas políticas públicas que buscam apenas a integração social, a construção e produção de consensos, conclamando as pessoas para processos participativos, mas deixando-os inconclusos; os resultados sendo apropriados por um só lado, que detêm o controle sobre as ações desenvolvidas. São as cidadanias tuteladas, geradas nos processos de modernização conservadora. Trocam-se identidades políticas - construídas e tecidas em longas jornadas de lutas - por políticas de identidades, tecidas em gabinetes burocratizados. Confundem-se sujeitos políticos e identidades reguladas. Uma vertente deste eixo destaca aspectos da filosofia política, da subjetividade política, a intersubjetividade, criticam as identidades fixas, reguladoras que dissipam a política, que reforçam lógicas de dominação.

Neste eixo encontramos vários subgrupos, a maioria filiada ao marxismo ou neomarxismo, onde o pensamento crítico agrupa-se em dois grandes blocos. O primeiro acentua o sistema e o segundo os sujeitos da ação. No primeiro bloco temos T. Negri e M. Hardt (e a análise da multidão), R. Cox, G. Therborn, D. Harvey (destaca dimensões espaciais), I. Wellerstein (sistema-mundo), F. Jameson, G. Arrighi e T. Eagleaton (para quem as denúncias e o combate à exploração, à desigualdade e à exploração são centrais hoje como no século XIX). No segundo bloco temos J. Rancière, S. Zizek (fonte de inspiração para jovens do Movimento Ocuppy Wall Street), P. Anderson, E.P. Thompson, A. Badiou, A.G. Linera (vice-presidente da Bolívia) etc. Alguns observam que há sempre um substrato, um legado do passado que se traduz em memória e aprendizados, muitas vezes sufocados e calados como formas de resistência, que em dadas ocasiões reaparecem, e se articulam com os fatos do presente, reagrupam forças sociopolíticas, reconstroem a identidade dos grupos e movimentos, rompendo com formas de dominação. E.P. Thompson chamou este processo de interpretação da realidade, isto porque os movimentos surgem a partir de uma reflexão por parte de seus integrantes sobre sua própria experiência; isto é, eles são, em última instância, movimentos de reinterpretação

Na América Latina a Clacso (Conselho Latino-Americano de Ciências Sociais) é um exemplo de produção teórica neste eixo. Seu "Observatório Social da América Latina" foi criado para registrar e fazer avaliações periódicas das lutas e dos movimentos da região.

4) Teoria Pós-colonial, também denominada por alguns como das racionalidades alternativas. Na América Latina o leque de autores citados é vasto, incluindo: Boaventura de Souza Santos, Aníbal Quijano, Enrique Dussel, Walter Mignolo, S. Hall, Édouard Glissant etc., além de precursores como F. Fanon, Orlando Fals Borda, H. Bhabha, E. Said e outros. Neste debate recuperam-se os termos do debate dos anos de 1990 que ocorreu na Europa em relação ao tema da colonização, especialmente na África (SPIVAK, 2009), assim como recupera também, na formação histórica da América Latina, a matriz do poder colonial no século XVI – que persiste até a atualidade como representação das atuais formas de dominação. As análises reivindicam uma descolonização do saber e do poder para pensar os movimentos a partir das experiências próprias do continente Sul. Destaca que a fundamentação deste poder está no controle do conhecimento, fazendo deste controle as bases do domínio político, econômico, cultural e social. Com isto, o saber dominante, colonial, desqualificou outros conhecimentos e saberes que não o do colonizador europeu, do Hemisfério Norte, advindo dos brancos etc. O problema cen-

tral da América Latina seria a descolonização do saber e do ser (enquanto repositório de práticas e valores que mantêm e reproduzem subjetividades e conhecimentos). Na mesma linha de argumentos Sirvent (2008) afirma que um dos grandes problemas sociais contemporâneos é: o fenômeno da naturalização da injustiça, a exploração e a pobreza nas mentes da população, inibindo o desenvolvimento do pensamento crítico. O poder dominante foi se transformando em nosso sentido comum. Sirvent preconiza a necessidade de se construir poder por meio do conhecimento e isto implica "construir categorias para pensar a realidade que possam gerar ações de mobilização coletiva em confrontação com os significados que desmobilizam e paralisam" (SIRVENT, 2008: 22). Dussel (2002) contribui para novos olhares sobre os movimentos sociais ao analisar uma pedagogia crítica que contribui para a emancipação dos oprimidos, numa abordagem que une Paulo Freire, a Escola de Frankfurt – especialmente Marcuse, análises de Freud, Nietzsche e Lévinas etc. – para criar uma ética da libertação a partir da construção da identidade das vítimas. A ética da libertação realiza-se com a consciência ética de ser vítima, ela se transforma em sujeito pela comunidade O comunitarismo e o neocomunitarismo são um veio analítico utilizado em algumas vertentes das teorias da descolonização.

5) Teorias que canalizam todas as atenções para os processos de institucionalização das ações coletivas. Preocupam-se com os vínculos e redes de sociabilidade das pessoas, assim como o desempenho das pessoas em instituições, organizações, espaços segregados, associações etc. O paradigma teórico que embasa toda a elaboração/construção e desenvolvimento desta abordagem baseia-se nas teorias da privação social, desenvolvidas inicialmente, entre outros, pelos interacionistas simbólicos no início do século XX. Nos

anos de 1960 Olson formulou a Teoria da Mobilização de Recursos, com viés bastante economicista. O debate nos anos de 1970 trouxe outros aportes e teóricos, que deslocaram o foco para a importância da mobilização política, os processos institucionais e as estruturas de oportunidades políticas – utilizadas pelos diferentes atores e organizações sociais, na configuração do campo político e administrativo onde atuam. Os autores referenciais desta abordagem teórica passaram a ser McAdam (1997), McAdam, McCarth e Zald (1996), Tarrow (1994; 2005; 2007), Meyer e Minkoff (2004). Observa-se neste bloco analítico a abordagem do projeto norte-americano liderado inicialmente por Charles Tilly, Sidney Tarrow e Doug McAdam (2005; 2006; 2007), denominado *contentious politics*. Neste projeto os protestos e as contestações foram incorporados à análise dos processos de mobilização política onde se confrontam atores de movimentos e organizações, atores políticos dos governos constituídos etc. Eles criam repertórios de ações coletivas que, dependendo do contexto e do regime político vigente, podem ser prescritas, toleradas ou proibidas. Esta abordagem difundiu-se nos Estados Unidos e na Inglaterra a partir dos anos de 1990, chegando mais tardiamente à América Latina, especialmente na Argentina e no Brasil. O livro de Tarrow, *Power in Movement*, de 1994, só foi traduzido para o português em 2008. A abordagem da Teoria da Mobilização Política, inicialmente apresentada como alternativa ao individualismo metodológico, típico das teorias da mobilização de recursos e da escolha racional, centrou seu foco em interpretações sobre o caráter determinante do contexto e suas oportunidades, criando todo um corolário de noções de apoio para a mesma como "frames", confronto político, estruturas das oportunidades, mobilização, quadros e repertórios de atuação etc.

O uso da Teoria da Mobilização Política está presente, de forma explícita ou não, nas redes temáticas de pesquisas que se formaram ou se adensam na última década no Brasil. Nela os movimentos sociais não são fenômenos extraordinários, ou apenas contestação da ordem vigente, porque eles têm um papel na sociedade moderna de expressar as reivindicações dos cidadãos; afirma-se que mobilizações e protestos tornaram-se formas rotineiras de participação política. Os movimentos sociais são políticos porque as pessoas que participam dele estão exercitando a política, não porque seja parte das elites políticas que lutam pelo poder. As mobilizações dos movimentos sociais atuais tornaram-se uma forma de acompanhamento das políticas e representam uma mudança em relação ao passado quando as ações coletivas nasciam em face da exclusão e não responsabilização do Estado (cf. JOHNSTON, 2011). Passou a ocorrer uma institucionalização dos protestos. Certamente que esta tese não é unânime nas abordagens sobre os movimentos sociais. Ela despolitiza os protestos e suas ideologias, ressignifica-os como elementos componentes do próprio jogo democrático. Esta corrente tem tido adeptos também entre os que fundamentam as políticas públicas participativas. Participação torna-se um problema de governança, de regulação de conflitos e gestão de pessoas, e não um foco para transformar, para a mudança social.

Conclui-se que a temática dos movimentos sociais no universo das ações coletivas possíveis é uma área clássica de estudo da sociologia e das ciências sociais desde seus primórdios e não apenas um momento da produção sociológica, como pensam alguns, reduzindo as manifestações empíricas, com seus fluxos e refluxos, e confundindo a produção acadêmica destes ciclos com a própria existência concreta do fenômeno. Entretanto, o conceito tem sofrido, historicamente, uma série de alterações, até no seio de uma mesma corrente teórica. Registre-se também que a maioria dos autores que estudaram os movimentos sociais no século XX os incluíram numa teoria da ação social. Sabemos também que a teoria da ação social tem sido pensada no interior de horizontes paradigmáticos teóricos diversos, por exemplo materialismo histórico, Escola de Frankfurt, fenomenologia, interacionismo, correntes hermenêuticas, ciências da linguagem e da cognição, teorias da comunicação etc.

No plano teórico-metodológico conclui-se que não há uma só teoria ou agenda de pesquisa sobre os movimentos sociais, mas múltiplas agendas e teorias. Este fato revela a fragmentação do campo temático em múltiplos sujeitos, em formas híbridas de ações coletivas. Isto tem levado ao ecletismo nas interpretações contemporâneas onde convivem teorias com focos diversos (culturalistas, materialistas, pós-coloniais, institucionalistas etc.), as quais utilizam um repertório de categorias analíticas oriundas de diferentes matrizes paradigmáticas. O que a maioria das novas análises não tem considerado é a questão das classes sociais, pois elas filiam-se a modelos pós-modernos de explicação da realidade social, desconsideram as explicações estruturais do materialismo histórico. Em nome de um debate "renovado" desqualificam veios interpretativos relevantes, ignoram a política e a conjuntura econômica, tentando criar novas leituras da realidade como "corretas", em nome das diferenças e diversidades. Certamente que esta temática merece um longo debate, e neste momento apenas estamos pontuando tendências e características.

## Referências

ABERS, R. & VON BULOW, M. (orgs.) (2010). "Dossiê: Movimentos sociais e ação coletiva". *Revista Brasileira de Ciência Política*, n. 3, jan.-jul. Brasília.

ALONSO, A. (2009). "As teorias dos movimentos sociais: um balanço do debate". Revista *Lua Nova*, n. 76.

BANKS, J.A. (1972). *The sociology of social movements*. Londres: Macmillan.

BOGO, A. (2010). *Identidade e luta de classes*. São Paulo: Expressão Popular.

BORON, A. & LECHINI, G. (orgs.) (2006). *Política y movimientos sociales en un mundo hegemónico* – Lecciones desde África, Ásia y América Latina. Buenos Aires: Clacso.

CASTELLS, M. (1999). *A sociedade em rede*. São Paulo: Paz e Terra.

DELLA PORTA, D. (2007). *O movimento por uma nova globalização*. São Paulo: Loyola.

DUSSEL, E. (2005). "Europa, modernidade e eurocentrismo". In: LANDER, E. *A colonialidade do saber: eurocentrismo e ciências sociais* – Perspectivas latino-americanas. Buenos Aires: Clacso, p. 55-70.

EAGLETON, T. (2011). *Why Marx was right*. [s.l.]: Yale University Press.

IFFLY, C. (2010). *Transformar a metrópole* – Igreja Católica, territórios e mobilizações sociais em São Paulo, 1970-2000. [s.l.]: Unesp.

FALS BORDA, O. (1986). *Historia doble de La costa* – Retorno a la tierra. Tomo IV. Bogotá: Carlos Valencia.

FANON, F. (1968). *Os condenados da terra*. Rio de Janeiro: Civilização Brasileira.

FRASER, N. (2001). "Recognition without Ethics". *Theory, Culture and Society*, n. 18, 2001.

FOWERAKER, J. (1981). *Theorizing Social Movements*. Boulder, Col.: Pluto.

GOHN, M.G. (2011a). *Teorias dos movimentos sociais* – Paradigmas clássicos e contemporâneos. 9. ed. São Paulo: Loyola.

______ (2011b). *Movimentos e lutas sociais na história do Brasil*. 6. ed. São Paulo: Loyola.

______ (2010a). *Novas teorias dos movimentos sociais*. 3. ed. São Paulo: Loyola.

______ (2010b). *Movimentos sociais e redes de mobilizações civis no Brasil contemporâneo*. Petrópolis: Vozes.

HALL, S. (2003). *Da diáspora*: identidades e mediações culturais. Belo Horizonte: UFMG.

HONNETH, A. (2003). *Luta por reconhecimento* – A gramática moral dos conflitos sociais. São Paulo: Ed. 34.

JOHNSTON, H. (2011). *States & Social Movements*. Cambridge: Polity.

LATOUR, B. (2005). *Reassembling the Social*: An Introduction to Actor Network Theory. Oxford: Oxford University Press.

LINEIRA, G.Á. (2004). *Sociología de los movimientos sociales en Bolivia*. La Paz: Diakonía/Oxfam/Plural.

McADAM, D.; McCARTHY, J.D. & ZALD, M.N. (1996). *Comparative perspectives on social movements.* Cambridge: Cambridge University Press.

MELUCCI, A. (1994). "Movimentos sociais, inovação cultural e o papel do conhecimento". *Novos Estudos Cebrap*, n. 40. São Paulo.

MEYER, D.S. & MINKOFF, D.C. (2004). "Conceptualizing political opportunity". *Social Forces*, 82 (4), jun., p. 1.457-1.492.

MIGNOLO, W.D. (2003). *Histórias locais, projetos globais*: colonialidade, saberes subalternos e pensamento liminar. Belo Horizonte: UFMG.

MIRZA, C.A. (2006). *Movimientos sociales y partidos políticos en América Latina.* Buenos Aires: Clacso.

MORRIS, A.D. & MUELLER, C.M. (1992). *Frontiers in social movement theory.* New Haven: Yale University Press.

NEVEU, É. (1996). *Sociologie des mouvements sociaux.* Paris: La Decouverte.

QUIJANO, A. (2004). "El laberinto de América Latina: ¿hay otras salidas?" *Revista Osal*, vol. 5, n. 13. Buenos Aires: Clacso.

RANCIÈRE, J. (2005). "Em nome do dissenso, filósofo francês redefine termos e conceitos na arte e na política". *Ciência e Cultura*, vol. 57, n. 4, out.-dez. São Paulo.

SANTOS, B.S. (org.) (2006). *A gramática do tempo* – Para uma nova cultura política. São Paulo: Cortez.

SCHERER-WARREN, I. (2010). "Movimentos sociais e pós-colonialismo na América Latina". *Ciências Sociais Hoje*, vol. 46, n. 1, jan.-abr.

SEOANE, José (org.) (2003). *Movimientos sociales y conflito en América Latina*. Buenos Aires: Clacso/Osal.

SIRVENT, M.T. (2008). *Educación de adultos*: investigación, participación, desafios y contradicciones. 2. ed. Buenos Aires: Minõ Dávila.

SNOW, D.; SOULE, S.A. & KRIESI, H. (2004). *The Blackwell Companion to social movements*. Londres: Blackewell.

SPIVAK, G.C. (2008). "Estudios de la subalternidad". In: SPIVAK. G.C. et al. *Estudios postcoloniales* – Ensayos fundamentales. Madri: Queimadas.

SVAMPA, M. (2008). *Cambio de época* – Movimientos sociales y poder político. Buenos Aires: Clacso/Siglo XXI.

TARROW, S. (1994). *Power in movement*. Cambridge: Cambridge University Press.

THOMPSON, E.P. (1984). *Tradición, revuelta y consciência de clase*. Barcelona: Crítica.

TILLY, C. (1978). *From Mobilization to Revolution*. Londres: Addison-Wesley.

TOURAINE, A. (1978). *Le voix et le regard*. Paris: Seuil.

______ (2005). *Un nouveau paradigme*. Paris: Fayard, 2005.

# 2
# Entre o rigor teórico-metodológico e a criatividade*

## Algumas chaves cognitivas para a pesquisa dos movimentos sociais na América Latina

*Alfredo Falero*

### Introdução

A partir do aporte de trabalhos recentes, da diversidade de situações de produção de conhecimento e da multiplicidade de olhares possíveis, pode-se dizer que a pesquisa sobre movimentos sociais na América Latina mostra certo cansaço, expectativas limitadas sobre o que se pode dizer de novo sobre o tema e, em suma, bloqueios em sua capacidade de se abrir à "imaginação sociológica", para utilizar a conhecida e feliz expressão de Wright Mills. Dita "imaginação" se define principalmente pela capacidade de combinar ideias e de elaborar a realidade. E isto exige, a meu juízo, duas características substantivas: que a incorporação da teoria social não se limite à repetição, mas que permita abrir pontos de análise e introduzir, no plano metodológico, doses suficientes de astúcia intelectual entendida como a destreza de problematizar a relação teoria-empiria.

* Traduzido do espanhol por Clayton Mendonça Cunha Filho.

Pode-se objetar do ponto anterior que se trata de um pressuposto generalizador e arriscado, mas na verdade ele procura chamar a atenção para a necessidade de não se ficar preso a certa rotinização temática marcada pela mera acumulação de estudos de casos nos distintos países sem que se observe a urgência de promover a geração de estudos que tendam a se localizar na construção de conhecimento mais comparativo de realidades, mais transversal a partir dos distintos subtemas, mais organizador do conhecimento já acumulado e em construção, mais provocador de criatividade.

Em função das breves considerações anteriores, o que se propõe neste capítulo é um conjunto de aberturas teórico-metodológicas que não podem se considerar como as únicas possíveis. Certamente, dependendo da perspectiva de análise, da realidade da qual se parte e das preocupações temáticas e cognitivas, podem ser agregadas outras ou colocar algumas das que se mencionam como menos transcendentes. Mas se bem se podem acumular razões para discussão sobre a escolha e formulação de tais referentes gerais, confia-se que as reflexões que seguem mais adiante permitirão pensar alguns problemas da construção de conhecimento nesta temática[1].

Cada vetor de aproximação tem um expresso caráter de síntese e abertura à discussão. Isto é, nunca é demais ressaltar que cada item mereceria uma maior discussão que excederia o caráter deste capítulo. Ademais, se bem se advertirá que subjaz uma estrutura teórica geral, os autores que se mobilizam para iluminá-los provêm de pontos de partida epistemológicos e teóricos diversos e suas análises, focos de interesse e previsões variam entre si. Mas o objetivo aqui, mais do que estabelecer uma preocupação com a compatibilidade, é estabelecer grandes eixos de discussão.

---

1 Em tal sentido, a presente análise reintroduz, revisa e atualiza alguns dos temas já postulados em um trabalho anterior (FALERO, 2008a).

### 1) A captação de diversidade de situações a partir da especificidade da América Latina

A América Latina apresenta uma extraordinária heterogeneidade de manifestações populares, e isto traz efeitos conceituais para o entendimento do arco das expressões sociais que caracteriza a região. Por exemplo, considerando o caso do Brasil, um mapeamento recente de movimentos e redes de mobilização permite perceber a necessidade de complexificar as ferramentas conceptuais para poder dar conta de um panorama diverso de vínculos sociais que promovem interesses coletivos (GOHN, 2010).

Apesar disso, essa diversidade se assenta sobre uma especificidade regional que denominamos "América Latina" e não é simplesmente territorial. Isto quer dizer que a captação das distintas realidades deve assumir igualmente tal especificidade que a diferencia de outras regiões. Para fundamentar essa postura se requer uma breve introdução sobre o significado de América Latina.

O primeiro a se pontuar é que o conhecimento social não é abstrato e deslocado e há que se assumir que também existe uma "geopolítica do conhecimento" (MIGNOLO, 2001). Ou seja, se bem o conhecimento sobre o social produzido nos e para os centros de acumulação tem maior peso simbólico que o produzido nas e para as regiões periféricas, o conhecimento produzido assumindo a especificidade regional da América Latina problematiza e enriquece a relação teoria-empiria-teoria de forma insubstituível.

Para fundamentar isto pode-se atualizar o legado das ciências sociais na América Latina da década de 1970. Um dos pontos-chave era que se algo caracteriza a região é a tendência à exacerbação das diferenças sociais. Esta reconstrução teórica implica reconhecer que o capitalismo não tende a homogeneizar situações diferentes, mas sim que tende a subsumir processos diferentes à lógica capitalista hegemônica sem que o anterior desapareça (FALERO, 2006). Tampouco se trata de sustentar meras coexistências entre formas tradicionais e modernas, ou de identificar variáveis que permitam estabelecer assincronias sociais em um tempo dado, como fazia Germani (1965) na década de 1960. Desde a ruptura teórica produzida com Gunder Frank (1970), Stavenhagen (1970) e outros, sabemos que o argumento sugere ver como se articulam diversas formas pré-capitalistas de produção com as formas capitalistas hegemônicas. O que se recuperou na região foi a ideia de desenvolvimento desigual e combinado articulado aos aportes de Prebisch de lógicas centro-periferia (PREBISCH, 1962). Desde a década de 1970 em diante, a teoria da acumulação em escala global e o que não podemos nos esquecer é que o que devia ser investigado são as relações visíveis ou invisíveis, as articulações que vão se construindo como funcionais (sem cair no funcionalismo) entre formas de produção diversas. Estas articulações permitem explicar por que se mantêm ainda hoje na América Latina formas de produção semiescravistas junto à incorporação de formas caracterizadas como "pós-fordistas".

Isto não pode ser esquecido quando se estudam sujeitos sociais na América Latina. É preciso dar conta desta forte diversidade de relações sociais de produção e as múltiplas formas de dominação implicadas. A partir das formas mais tradicionais e carismáticas às mais modernas que constroem como agente-chave da sociedade ao "empresário-cidadão" como indivíduo "empreendedor" com responsabilidades sociais. As lutas sociais são muito diferentes quando a empresa aparece disputando batalhas simbólicas com um novo papel histórico que transcende projetos políticos e redefine velhos valores (FALERO, 2008b).

Ainda que possa parecer óbvio, há que recordar que uma mesma demanda – por exemplo a educação pensada como direito social e não como mercadoria – pode expressar-se de forma muito diferente de acordo com as relações sociais predominantes e seus condicionamentos e às dinâmicas de dominação geradas. Pensemos como o caso dos trabalhadores da educação em Oaxaca a partir do ano 2006 mostra os condicionamentos de um estado mexicano de base rural, onde se reproduzem formas corruptas e tradicionais de dominação que permitiram ao então governador Ulisses Ruiz do PRI se manter em tal posição para além dos evidentes questionamentos do amplo e diverso leque de atores que demandaram a saída do governador. Já no caso do Chile em 2011 se observa um contexto muito diferente: a mercantilização da educação é total, mas aqui encontramos formas modernas de dominação, com recheios eleitorais inquestionáveis desde o ponto de vista formal, uma base urbana importante e uma ideia difundida de um país "em desenvolvimento". Mais além das diferenças, em ambos os casos a disputa da educação como direito e não como mercadoria é chave.

O ponto central é que nem é possível deixar de observar com atenção as especificidades de cada caso, sob o risco de perder a riqueza da diversidade de lutas na América Latina, mas tampouco corresponde examinar um conjunto de casos como se estivessem desconectados uns dos outros. O ângulo de leitura que se propõe para promover leituras transversais e comparativas é visualizar a tensa construção de uma cidadania ampliada frente a projetos sociopolíticos que a ela se opõem, de lutas para generalizar a consciência do direito a ter direitos e de práticas sociais que levam à abertura de aspirações de uma sociedade mais igualitária e participativa frente a perspectivas de sociedade onde o limite implícito é o princípio dominante, hierarquizado, do direito à propriedade privada dos meios de produção. Há, então, uma relação estreita entre necessidades sócio-historicamente construídas e formas de resolução das mesmas.

Outro tema que se abre também é o da comunicação possível entre as diferentes lutas. De fato, em uma perspectiva global, isto é o que postulam autores como Hardt e Negri (2002; 2004). Trata-se de construir uma linguagem comum que facilite a comunicação por sobre as diferenças entre os distintos casos possíveis se bem estabelecemos aqui a proposta à América Latina. Uma noção que permite a reconexão de lutas dispersas é a de ciclos de lutas sociais. Dispondo-se de evidências, a identificação dos mesmos permite ultrapassar o específico e o nacional. A caracterização de três ciclos de lutas sociais que se examinou para o caso uruguaio a partir da década de 1960 (FALERO, 2008b) não deixava esquecer teórica e metodologicamente o caráter regional (eventualmente global) do desenvolvimento de tais ciclos.

## 2) A definição de campos de observação

A ideia de campo de observação é trabalhada aqui como problematização da relação entre o que se pretende estudar e a totalidade societária. Aponta-se deste modo à capacidade de apreensão e às possibilidades de conceitualização a partir do recorte da realidade que se realiza. O desafio que subjaz é não sucumbir à tentação de amputar mediações possíveis ante a necessidade de concretude do objeto. Se um sujeito coletivo é sempre um campo problemático mais do que um objeto claramente definido (ZEMELMAN, 1996), deve-se estabelecer a importância da mediação como lógica de raciocínio. Isto é, uma forma de raciocínio excessivamente preocupada com a delimitação desperdiça a extraordinária riqueza de conexões conceptuais que supõe o estudo dos movimentos sociais na América Latina.

Entre tais conexões nem sempre aparece claramente a concretude dos interesses do capital. O exemplo seguinte é amplamente conhecido no Brasil, mas nem sempre se considera o que ele implica em termos metodológicos na América Latina em geral. A complexidade que implica o Movimento dos Sem Terra (MST) somente pode ser compreendida incluindo-se o problema estrutural e histórico da questão agrária no Brasil, o que supõe entender a terra como fator de poder ao longo da história do país até chegar à problemática do agronegócio como dinâmica de poder atual. Mas nem sempre aparecem claros os fatores de poder econômico que incidem sobre uma dinâmica de lutas sociais.

Provocativamente, pode-se dizer que uma razão de fundo é que o capital é muito mais difícil de ser estudado.

Eis aqui o problema de definir campos de observação: eles permitem precisamente reconhecer as articulações em que os fatos assumem sua significação. O que significa em termos concretos estabelecer que a pressa por fechamento ou de concretude não permite observar a articulação complexa de processos? Por exemplo, se consideramos o que aconteceu com os "piqueteiros" na Argentina no começo do século XXI, não é possível captar sua concretude sem dar conta dos processos socioeconômicos presentes na década de 1990 (cf. SVAMPA, 2005). Mas não somente entendidos como processos abstratos, mas sim em sua concretude em distintos espaços de cotidianidade e socialização (família, lugares de trabalho, sindicato, bairro etc.) onde se constroem novas formas de subjetividade coletiva com profundas transformações nas formas de ser e estar no mundo.

O anterior permite abrir a discussão sobre como se relaciona a forma de resolução cotidiana de necessidades com os projetos coletivos. A construção de subjetividades coletivas é uma forma de estabelecer mediações entre ambos planos (LEÓN & ZEMELMAN, 1997). Da mesma forma, um universo de observação do ocorrido com os movimentos sociais em um país como o Uruguai na década de 1990 pode permanecer limitado se não se considera o que Negri (1994) caracterizou como "poder constituinte". Ao raciocinar somente em termos de sujeitos constituídos ou se tomar uma definição estreita de movimentos sociais que não capte a conformação de redes urbanas se elimina do quadro toda essa riqueza que supôs a construção social de impulso de plebiscitos e referendos em que participaram não apenas sindicatos, mas também uma gama de agentes sociais com diversas formas organizativas.

A delimitação de campos de observação levado ao terreno de estudos mais transversais e comparativos de movimentos sociais complexifica ainda mais o desafio. A transversalização de uma dimensão de análise entre distintos casos atualiza o problema das "aberturas" e "fechos" na construção do objeto, que pode implicar, por exemplo, examinar processos microssociais nas "margens". Isto é importante para a própria teoria, pois uma visão naturalizada como evidente pode nos fazer erguer fronteiras cognitivas que desloquem fora de nossa capacidade de registrar experiências sociais-chave que é preciso resgatar para o século XXI. Para colocar um exemplo já no final deste ponto: formas de produção associativas, autogestionárias, cooperativas, podem não disputar a hegemonia das dinâmicas de produção dominantes, mas sua visualização transversal e comparativa gera um insumo-chave para um processo cognitivo de reflexão de alternativas, para a formulação de novos conceitos e para abrir novas perguntas rumo a novas pesquisas.

### 3) O estabelecimento de conexões com o plano territorial

O vocabulário vinculado à geografia começou a adquirir crescente importância em tempos de globalização. Cabe aqui ressaltar a recomendação que Porto Gonçalves (2002), entre outros, vem fazendo: é necessário dessubstancializar o espaço geográfico na medida em que tende a ser visto como uma realidade objetiva exterior à sociedade. Isto é, o território não é um mero "suporte" do jogo de atores sociais.

Em alguns casos, tem-se avançado na conexão entre movimentos sociais e território. De fato, tem sido necessário reintroduzir a ideia de território quando se estuda expressões sociais como a de camponeses ou indígenas. Por exemplo, não é possível entender a luta que as comunidades Mapuche estão realizando contra a ocupação de seus territórios (e a repressão que sofrem) sem entender o significado que o território adquire para eles. O MST pode ser definido como socioterritorial: um de seus principais objetivos é a conquista da terra para o trabalho e isto se realiza por ações denominadas ocupações de terra, experiências, aprendizagens criadas e recriadas, lógicas construídas na práxis da necessidade de sobrevivência (MANÇANO, 2001). Como pensar processos de socialização sem pensar a espacialização da luta? Os exemplos possíveis são múltiplos, mas o que interessa ver é como o espaço está envolvido na própria produção das ações.

O que se propõe transcende em consequências-limite disciplinares e vai no sentido do que expõe Bringel (2006; 2011) sobre o estudo de práticas espaciais dos movimentos sociais. O autor propõe três dimensões: a estrutura geográfica de um movimento social e suas implicações para a mobilização/desmobilização; as redes e a construção social das escalas de intervenção política e a relação entre lugar e identidade. O espacial não é apenas um resultado de processos sociais. É parte da explicação dos próprios processos. E como com qualquer outro processo social, corresponde ter a sensibilidade teórico-metodológica suficiente para compreender como os movimentos sociais se dão em contextos geográficos particulares, mas como, além disso, tais contextos afetam a maneira em que a prática coletiva situada funciona.

Agreguemos outro elemento proveniente da perspectiva analítica que aporta o marxismo conhecido como "autonomismo". Negri tem encontrando uma base importante de sua contribuição no capítulo VI inédito de Marx (1995), onde se estabelece a passagem da subsunção formal à subsunção real do trabalho no capital, a assunção da circulação na produção. Uma ideia central do autor é a necessidade de elevar o olhar analítico para ver o que ocorre mais além do espaço da fábrica na produção do valor. O trabalho encontra agora em todo o social o lugar de consolidação e de transformação da atividade laboral em valor (NEGRI, 1992). Nesta perspectiva, tal mutação exige uma recolocação radical da subjetividade social, mas também da compreensão de território. A extensão do processo produtivo a toda a sociedade supõe falar da mercantilização de todas as atividades sociais e essa perspectiva não deixa de ser sugestiva.

No entanto, dentro do marco teórico que aqui se propõe, cabem dois comentários. Em primeiro lugar, faltam ainda às ciências sociais categorias de análise e sistematização empírica para ver como opera. Em segundo lugar, há que pensá-lo tomando em conta a especificidade dos países periféricos como os da América Latina. Neste sentido, lutas sociais próprias do século XXI, como aquelas socioterritoriais pelos recursos naturais, as vinculadas à defesa da biodiversidade ou a evitar a expropriação de saberes locais podem ser melhor iluminadas.

### 4) A observação da historicidade e das potencialidades de um movimento

Se a realidade social não se apreende isolando um fenômeno de seu contexto territorial, isto também é válido em termos temporais: tampouco é possível a compreensão sem refletir acerca da ideia de processo. Isto supõe ter em conta a historicidade, mas também a abertura de potencialidades que contém o presente (ZEMELMAN, 1992). Em muitos casos os fenômenos são pensados de forma estática no sentido de um conjunto de estruturas dadas. Trata-se aqui de pensar processos em construção e abertos. Autores como Giddens, a partir da teoria da estruturação (1995), ou Bordieu, a partir de seu amplo programa de pesquisa onde as "estruturas" não são externas ao sujeito (BOURDIEU, 2007) aportaram pistas a essa perspectiva para pensar como os próprios sujeitos são construtores ou reprodutores de estruturas sociais.

Estes elementos teóricos devem ser levados em conta na análise de sujeitos sociais. Mais além de concretudes conjunturais visíveis nos mesmos e de momentos-chave, subjazem dinâmicas constitutivas de subjetividade coletiva produtoras de futuro. Um exemplo: Bolívia, 2003. Manifestações massivas obrigaram à renúncia do então Presidente Sánchez de Lozada quando se revelaram planos de extração do gás natural, seu transporte por gasodutos ao Chile e sua exportação aos Estados Unidos e México. Isso só é explicável na medida em que se entenda o longo processo pelo qual os indígenas se construíram como movimento social e se projeta(ra)m como um agente social com poder sobre o funcionamento político do país.

Nos últimos tempos têm-se introduzido no debate teórico do social as ideias de complexidade e indeterminação e se têm aberto caminhos na linha de pensar a interconexão dentro de uma totalidade e de futuros indeterminados. González Casanova (2004) fez um esforço de sistematização para compreender as consequências de nos reapropriarmos de velhas categorias – como dominação ou exploração – com uma nova perspectiva. Wallerstein (2001) também tem insistido em que, em alguns momentos do sistema, as soluções de curto prazo para as dificuldades contínuas se tornam impossíveis devido às mudanças produzidas por tendências seculares de longo prazo em um sistema. E nestes casos, pequenos *inputs* podem gerar grandes *outputs*, ao passo que os movimentos antissistêmicos adquirem uma importância-chave na transformação em direção a um novo "sistema-mundo".

Contudo, além destes vetores teóricos abertos, ainda resta um caminho importante para que as evidências empíricas possam ser relacionadas com certa densidade explicativa. Por ora, cabe remarcar a importância de pensar em termos de uma totalidade articulada em movimento e de sua transformação em futuros possíveis. E isto implica examinar os movimentos sociais nas sociedades latino-americanas enquanto:

a) Processos sociais complexos no sentido de interconexões dentro de uma totalidade, com diferentes soluções possíveis.

b) Produções e não meramente produtos históricos, pelo que é possível reconhecer potencialidades dos movimentos em sua capacidade de transformação.

c) Geradores de conjunturas sócio-históricas-chave nas sociedades, mas no que se deve reconhecer seu desvelamento em escalas de tempo maiores.

## 5) A disponibilidade de conceitos e o problema da linguagem

Se pensarmos para além de movimentos sociais particulares, sociedade civil é uma expressão habitual. No entanto, há um uso desmesurado, mobilizado por distintos agentes sociais que a constroem com diversos significados, por vezes contrapostos. Trata-se de uma tensão de significados que termina amputando conexões conceituais da temática em questão. Além disso, as transformações globais em curso também permitem discutir se é possível manter a herança conceitual em função de sua atual capacidade explicativa na América Latina.

Não é possível entrar aqui em considerações sobre o conceito de sociedade civil[2], ainda que caiba recordar seu protagonismo na América Latina a partir das chamadas transições da ditadura à democracia. Com efeito, na década de 1980 vários autores recuperaram a Gramsci e generalizaram seu uso. Isto foi feito quase sempre à custa da análise de classes que aportava a tradição marxista e isto trouxe consequências sobre o modo como foi utilizado e, portanto, sobre os aspectos sociais que ilumina e obscurece. A partir desse momento a noção tem ido e vindo, revelando aquilo que Giddens (1995) assinalava sobre a dupla hermenêutica: as ciências sociais examinam um mundo pré-interpretado, analisam atores sociais possuidores de uma metalinguagem e gera um constante deslocamento e retroalimentação entre os atores e a academia. O problema é que esta tem sido uma retroalimentação estabilizadora da realidade dada, mais reguladora que emancipatória.

O que se deve resgatar particularmente de Gramsci (1985) é a sociedade civil como âmbito de constituição de sujeitos sociais. E, nesse sentido, sua originalidade está mais do que no tratamento deste conceito, no de hegemonia (entendida como a unificação de forças potencialmente transformadoras, a possibilidade

---

2 Cf. Bringel e Falero, 2008.

de fundir elementos intelectuais e morais de agregados diversos que não perdem sua identidade em um processo dinâmico) como expressão nuclear de um projeto estratégico, como apropriação subjetiva e real de elementos de transformação social. A construção de uma nova hegemonia não tem um significado único, mas sempre alude às "batalhas pela subjetividade coletiva" (FALERO, 2008b) que nunca estão desconectadas de práticas sociais. Em tal sentido, não corresponde jogar fora a água suja da banheira junto com o bebê. A noção de hegemonia segue sendo extremamente útil e atual e não faltam razões para tentar comparações com noções como as de poder simbólico de Bourdieu (2005).

Finalmente, frente a transformações sociais profundas, será útil o conceito para dar conta desse pluralismo de velhas e novas manifestações do social, de velhos e novos movimentos antissistêmicos? Onde entram as organizações não governamentais neste esquema? O conceito de campo de Bourdieu (2003) pode oferecer uma alternativa. Um campo pode ser visto como uma ferramenta metodológica (CRIADO, 2008) e em tal sentido poderia discutir-se a possibilidade de se falar em campo popular (FALERO, 2008b) sem que isto implique acentuar somente as lutas no interior do mesmo. Há uma relação entre subjetividade coletiva e campo, pois este existe na medida em que exerce uma influência sobre a perspectiva e as ações dos participantes (a *illusio*), que este estende também sobre os demais campos. Além disso, os implicados no campo constroem *habitus* que supõem princípios de valor e juízo que estão definidos nas regras próprias do campo.

Dentro do que se poderia chamar de campo popular, seus agentes participantes são organizações e movimentos sociais. Dito em termos gerais, eles promovem a construção subjetiva e a implementação real de determinados direitos: ao trabalho em melhores condições, ao acesso à terra, a uma moradia digna, à memória histórica e à reivindicação de direitos humanos etc. Neste sentido, participam em uma batalha de subjetividades, de construção simbólica dentro do campo e com outros campos. Entretanto, tomem-se essas considerações não tanto pela pertinência efetiva do conceito, mas como um convite a repensar alguns conceitos, a eliminar os que contribuem com pouca capacidade explicativa, e a explorar a aplicação de outros à realidade latino-americana.

Chegados a este ponto, cabe introduzir um convite adicional de discussão: a problemática da linguagem. A geração de um conceito que adquira capacidade explicativa está sujeito a sua potencialidade enriquecedora para marcar determinadas características do objeto de estudo, evocar conotações da disciplina, sugerir determinados contextos sócio-históricos etc. É neste sentido que Zemelman (2007) sugere a necessidade e conveniência de articular diversas linguagens: tanto aquelas próprias do raciocínio científico como aquelas alheias ao mesmo. Deriva-se disso a necessidade de liberar a linguagem da sociologia de prisões que não a habilitam a se colocar com capacidade de dar conta de problemáticas que vão emergindo. Esse é o caso das conexões transnacionais de organizações e movimentos sociais. Há alguns anos se introduziram noções como "sociedade civil global" ou "sociedade civil regional" para a captação do estabelecimento de formas de cooperação entre agentes de diferentes Estados-nação. Tais noções não são discutíveis apenas graças à discussão anterior, mas também pela emergência de redes múltiplas, de distintas características e que emergem, congelam-se, dissolvem-se ou recriam-se.

Além disso, as redes transnacionais podem ou não ter um caráter antissistêmico. Por exemplo, bem podem se cristalizar como meros encontros entre dirigentes de organizações sem maiores efeitos em termos de tecido transnacional ativo. De modo semelhante ao da conformação dos Estados-nação, os processos regionais e globais atuais também supõem um processo de produção e apropriação de discursos e de estruturas cognitivas. Como espaço social em construção em um processo de integração regional como o da América Latina também contêm projetos diferentes e conflitos que é preciso deixar claro. Em tal sentido, é preciso encontrar na linguagem uma terminologia que tenha impacto sobre a teoria de modo a eliminar vazios conceituais e permitir dar conta de um conjunto de práticas transnacionais muito diversas que podem conter referentes emancipatórios ou talvez não contê-los, apesar de proclamá-los como tais.

## Reflexões finais

A acumulação de estudos sobre dinâmicas associativas na América Latina é importante e de uma enorme riqueza. Apesar disso, tem-se a sensação de que estamos ante um conjunto de fragmentos que ainda é preciso articular. Em tal sentido, partimos da necessidade de gerar estudos de corte mais transversal e comparativo. Nesse caminho, nossa capacidade de captação da realidade também depende de considerar criticamente os instrumentos conceituais disponíveis. As bases teórico-metodológicas procuraram apontar tal direção. No entanto, estas são apenas alguns caminhos a um tema vasto e complexo. Em um contexto de transição sistêmica global é preciso, além disso, assumir diferentes níveis de análise. Um deles é o plano global, outro é considerar a América Latina dentro desse contexto, mas também como referente de observação onde a diversidade assume também uma especificidade.

Um dos temas mais problemáticos que no final deste trabalho somente deixamos em aberto, para estudos transversais e comparativos, é o de estabelecer os efeitos dos movimentos. Por um lado, nos encontramos com a "miopia do visível", ou seja, o perigo de centrarmos toda a análise nos aspectos mensuráveis enquanto se ignora a produção de novos códigos culturais e a atividade submergida de redes sociais (MELUCCI: 1994: 165). Por outro lado, há o risco de gerar linearidades falsas a partir do acionar de determinados agentes sociais quando se devem levar em conta analiticamente as mediações com uma rede de agentes em jogo. Também está presente o tipo de "consequências" que se deve ter em conta em uma temporalidade de curto, médio e longo prazos. Por exemplo, e sem estabelecer relações mecânicas, não é possível entender os atuais processos na Bolívia e Equador – como a plurinacionalidade e a pós-colonialidade – sem considerar os movimentos indígenas. Mas também é preciso observar outro tipo de transformações. Em primeiro lugar, as que operam a partir da própria experiência dos participantes. Em segundo lugar, as que operam como transformações da subjetividade coletiva na sociedade. A construção de significados de verdade e justiça por parte dos movimentos de direitos humanos é um dos muitos exemplos possíveis.

Em suma, a América Latina oferece numerosos casos de movimentos e redes de organizações sociais que permitem amarrar práticas coletivas a mudanças políticas e transformações simbólicas. Examinar esse papel exige não ficar preso a tempos e espaços imediatos. Também implica criatividade intelectual para colocar em diálogo, em conexão, microexperiências com elaborações de mais vasto alcance. Isto nos leva a assumir riscos teóricos e metodológicos. Mas sacrificar a capacidade de criatividade e imaginação no marco da tendência de enquadramentos rápidos da realidade não parece ser o caminho. Trata-se de seguir refletindo sobre nossos instrumentos de captação da realidade e de rebelar-se ante os limites derivados da capacidade de gerar aberturas e mediações analíticas. A importância do tema sem dúvida o exige.

## Referências

BOURDIEU, P. (2007). *El sentido práctico*. Buenos Aires: Siglo XXI.

______ (2005). *O poder simbólico*. Rio de Janeiro: Bertrand Brasil.

BRINGEL, B. (2011). "El estudio de los movimientos sociales en América Latina: reflexiones sobre el debate poscolonial y las nuevas geografías del activismo transnacional". In: ACOSTA, F.

et al. (orgs.). *Pensamiento crítico y sujetos colectivos en América Latina*. Montevidéu: Trilce/Udelar.

______ (2006). "El lugar también importa – Las diferentes relaciones entre Lula y el MST". *Revista Nera*, n. 9, p. 27-48. Unesp.

BRINGEL, B. & FALERO, A. (2008). "Redes transnacionais de movimentos sociais na América Latina e o desafio de uma nova construção socioterritorial". *Caderno CRH*, vol. 21, n. 53, p. 269-288.

CRIADO, E.M. (2008). "El concepto de campo como herramienta metodológica". *Revista Española de Investigaciones Sociológicas*, n. 123.

FALERO, A. (2008a). "Desafíos teórico-metodológicos para el estudio de los movimientos sociales en América Latina". In: CAIRO, H. & SIERRA, G. (orgs.). *América Latina, una y diversa*: teorías y métodos para su análisis. São José, CR: Alma Mater.

______ (2008b). *Las batallas por la subjetividad: luchas sociales y construcción de derechos en Uruguay* – Una aproximación desde la teoría sociológica. Montevidéu: Fanelcor.

______ (2006). "El paradigma renaciente de América Latina – Una aproximación sociológica a legados y desafíos de la visión centro-periferia". In: VV.AA. *Crítica y teoría en el pensamiento social latinoamericano*. Buenos Aires: Clacso.

FRANK, A.G. (1970). "El desarrollo del subdesarrollo". *Economía Política del subdesarrollo en América Latina*. Buenos Aires: Signos.

GERMANI, G. (1965). *Política y sociedad en una época de transición*. Buenos Aires: Paidós.

GIDDENS, A. (1995). *La constitución de la sociedad* - Bases para la teoría de la estructuración. Buenos Aires: Amorrortu.

GOHN, M.G. (2010). *Movimentos sociais e redes de mobilizações civis no Brasil contemporâneo*. 2. ed. Petrópolis: Vozes.

GONZÁLEZ CASANOVA, P. (2004). *Las nuevas ciencias y las humanidades*: de la academia a la política. Barcelona: Anthropos.

GRAMSCI, A. (1985). *La política y el Estado moderno*. Buenos Aires: Planeta.

HARDT, M. & NEGRI, A. (2004). *Multitud* - Guerra y democracia en la era del Imperio. Buenos Aires: Debate.

______ (2002). *Imperio*. Buenos Aires: Paidós.

LEÓN, E. & ZEMELMAN, H. (orgs.) (1997). *Subjetividad*: umbrales del pensamiento social. Barcelona: Anthropos/Crim-Unam.

MANÇANO FERNANDES, B. (2001). *Questão agrária, pesquisa e MST*. São Paulo: Cortez.

MARX, K. (1985). *Capítulo VI inédito*. México: Siglo XXI.

MELUCCI, A. (1994). "Asumir un compromiso: identidad y movilización en los movimientos sociales". *Zona Abierta*, n. 69. Madri.

MIGNOLO, W. (comp.) (2001). *Capitalismo y geopolítica del conocimiento*: el eurocentrismo y la filosofía de la liberación en el debate intelectual contemporáneo. Buenos Aires: Del Signo.

NEGRI, A. (1994). *El poder constituyente*. Madri: Libertarias/Prodhufi.

______ (1992). *Fin de siglo*. Barcelona: Paidós.

PORTO-GONÇALVES, C.W. (2002). "Da geografia às geo-grafias: un mundo em busca de novas territorialidades". In: CECEÑA & SADER (orgs.). *La guerra infinita* – Hegemonía y terror mundial. Buenos Aires: Clacso.

PREBISCH, R. (1962). "El desarrollo económico de la América Latina y algunos de sus principales problemas". *Boletín Económico de América Latina* (Cepal), vol. VII, n. 1, fev.

SOUSA SANTOS, B. (2008). *A gramática do tempo* – Para uma nova cultura política. São Paulo: Cortez.

STAVENHAGEN, R. (1970). "Siete tesis equivocadas sobre América Latina". In: CARDOSO & WEFFORT (orgs.). *Ensayos de interpretación sociológico-política*. Santiago de Chile: Universitaria.

SVAMPA, M. (2005). *La sociedad excluyente* – La Argentina bajo el signo del neoliberalismo. Buenos Aires: Taurus.

WALLERSTEIN, I. (2001). *Conocer el mundo, saber el mundo: el fin de lo aprendido* – Una ciencia social para el siglo XXI. México: Siglo XXI/Ciich-Unam.

WRIGHT MILLS, C. (1997). *La imaginación sociológica*. México: FCE.

ZEMELMAN, H. (2007). *El ángel de la Historia*: determinación y autonomía de la condición humana. México/Barcelona: Unam/ Anthropos.

______ (1996). *Problemas antropológicos y utópicos del conocimiento*. México: El Colegio de México.

______ (1992). *Los horizontes de la razón*. 2 vols. Barcelona: Anthoropos.

# 3
# Teoria crítica e movimentos sociais: intersecções, impasses e alternativas

*Breno Bringel*
*José Mauricio Domingues*

## Introdução

A teoria crítica, que vai de Marx a Axel Honneth, nos últimos anos enfrenta impasses que derivam exatamente de sua sólida herança. Em grande medida filosófica e cultural durante o século XX, embora haja esforços sociológicos poderosos, porém problemáticos, como o de Habermas, essa tradição não demonstra hoje capacidade de analisar os processos e transformações sociais das sociedades contemporâneas. Ademais, de modo geral, é extremamente ocidentocêntrica, descurando de desenvolvimentos fora da Europa e dos Estados Unidos, sem dialogar com discussões e autores oriundos de outras regiões. Por outro lado, correntes marxistas, hoje menos numerosas, tratam aspectos cruciais do capitalismo, sem, contudo, recolher os múltiplos e importantes avanços desde que Marx e Engels escreveram sua obra. Mais recentemente, uma corrente ampla, usualmente chamada de "pós" e, em um registro distinto, "des"-colonial, vem apresentando desafios cruciais às ciências sociais, reivindicando um ponto de vista distinto, não ocidental ou crítico de modo geral ao Ocidente e à Modernidade, habitualmente muito normativo, sem tocar porém fundo o solo das dinâmicas sociais, direção em que é preciso avançar (DOMINGUES, 2012).

As teorias dos movimentos sociais também se confrontam com a sua herança. Se buscarmos em Marx os cimentos da teoria crítica, a recíproca é verdadeira para a discussão sistemática sobre as contestações e os movimentos sociais. Ao colocar o conflito e a ação coletiva no seio da estrutura social fornece a primeira teoria sobre o tema, revisitada nas últimas décadas por correntes e autores com visões distintas desse sujeito-objeto, muitas das quais se afastam radicalmente do marxismo (cf. TARROW, 2012, cap. 1). De forma paralela, a institucionalização do debate acadêmico sobre os movimentos sociais na década de 1960 nos Estados Unidos e na Europa levou a importantes avanços na interpretação sociológica sobre a mobilização, a participação, a ação coletiva e a contestação, acabando contudo por gerar um campo de estudos muito delimitado em termos disciplinares, temáticos, epistêmicos e geográficos, levando também ao ocidentocentrismo padecido pela teoria crítica (BRINGEL, 2011a). Ainda que nas últimas duas décadas alguns esforços de ruptura e renovação venham sendo realizados, a exemplo do projeto *contentious politics* (McADAM; TARROW & TILLY, 2001; BRINGEL, 2011b) e de algumas tentativas incipientes de retroalimentação com a teoria social e política (incluindo aqui também os estudos pós-coloniais, ademais dos variados "giros" culturais e espaciais), talvez essa seja ainda a questão mais problemática: ao colocar-se como ramo demasiado especializado e quase autossuficiente, muitos dos estudiosos dos movimentos e das contestações sociais se afastaram da teoria crítica, conquanto haja pontos (problemáticos ou insuficientes) de aproximação.

O objetivo deste capítulo é, portanto, traçar algumas breves reflexões iniciais sobre as interações entre a teoria crítica e as contestações sociais (em particular os movimentos sociais), lançando um olhar duplo sobre como podem se reunir e renovar essas correntes, identificando problemas e gargalos, disjunções e impasses, bem como possíveis conciliações e alternativas.

## Teoria crítica e movimentos sociais: intersecções e impasses

A teoria crítica foi inicialmente moldada pela obra de Marx e Engels (1845; 1848), com sua visão da Modernidade como essencialmente capitalista e a identificação de seus "coveiros", a classe operária organizada, o proletariado, cuja preponderância numérica crescente e interesses antagônicos não apenas à dominação de classe burguesa, mas também a todas as formas de opressão, levaria à superação da sociedade de classes. O proletariado não tinha nada a perder, a não ser suas "cadeias". Podia assim, como classe universal, instaurar primeiro o socialismo e então transitar ao comunismo, quando as classes e o Estado desapareceriam. Aqui intervém o que pode ser definido como a *crítica imanente da Modernidade*, ou seja, à institucionalização dos valores na sociedade moderna burguesa opor-se-ia a possibilidade e a necessidade de pensá-la em outros quadros, que não os frustrassem, como o faziam o capitalismo e as formas de dominação estatal burguesa, com sua ditadura de classe. O comunismo daria ensejo a uma formação social em que a liberdade, igual para todos, concretizar-se-ia, e na qual a personalidade de cada um poderia florescer, com os "produtores livremente associados" levando a solidariedade social a um patamar superior e mais flexível.

Além disso, a teoria marxista avançou uma análise dos processos de formação do proletariado enquanto classe e movimento social, na verdade dois lados da mesma moeda, que resistiu por mais de um século. Marx e Engels apontaram um dos problemas da formação da subjetividade coletiva – ou da *ação coletiva*, como ficou consagrada a questão a partir da década de 1960 nas abordagens olsonianas e pós-olsonianas: se há tendências centrípetas que contribuem para formação da classe enquanto sujeito político, ao fim e ao cabo altamente centrado e transparente para si mesmo, haveria outras, centrífugas, em que o individualismo da sociedade burguesa e a competição entre os próprios trabalhadores desagregavam sua subjetividade coletiva e impediam sua ação política. Pecavam Marx e Engels, contudo, ao supor que a constituição do movimento da classe trabalhadora implicaria um sujeito hobbesiano-cartesiano, capaz de identificar seu interesse e o da sociedade no prazo largo da história, agindo em função disso de modo a, como um bloco compacto, revolucionar a sociedade e instaurar o comunismo. Marx em particular pensou as lutas do proletariado nos planos econômico e político, por vezes com uma exposição da questão em que das lutas econômicas locais se transitaria a um plano mais amplo, para daí chegar-se ao político e enfim revolucionário, realizando o que, em uma ocasião usando inclusive uma linguagem hegeliana, definiu como a passagem da "classe em si" à "classe para si" (MARX, 1852).

Politicamente engajados, Marx e Engels foram fundadores e dirigentes da I Internacional. Contribuíram para estabelecer o programa organizacional dos trabalhadores, que se calcaria em sindicatos e partidos, antes que no cooperativismo, que devia muito aos socialistas utópicos e aos anarquistas. Se os detalhes da organização partidária e sindical não foram sistematicamente analisados por eles, em vários textos sobre eventos e processos específicos (em especial em relação à França e à Alemanha, em 1848 e 1871), eles se debruçaram sobre a constituição concreta dos movimentos proletários.

O marxismo de modo geral manteve a perspectiva básica apresentada pelos fundadores da teoria crítica, com variações. Estas iam desde uma visão como a de Lenin (1902) – no que terminou por ser acompanhado por Leon Trotsky –, que atribuía a emergência da consciência de classe ao partido, vindo portanto do exterior do proletariado, com alto grau de centralização e rejeitando sua formação e ação espontânea, até Rosa Luxemburgo (1906), que imaginava um processo de formação da consciência, organização e ação mais espontâneo e descentrado. Antonio Gramsci (1929-1935), por seu turno, embora leninista politicamente, projetou o "moderno príncipe" como intelectual coletivo emergente da própria classe de sua ação, por outro lado educando-a, a partir de um aparato bastante centralizado. O peso da questão nacional poderia ser maior ou menor para cada um desses autores, mas juntamente com a tomada do poder no plano nacional, o movimento operário neles sempre foi entendido como pertencendo ao plano global.

Aos poucos a questão da organização do movimento operário foi se perdendo dentro do que se convencionou chamar de marxismo ocidental, em particular com o destaque que acabou assumindo a chamada Escola de Frankfurt. Para esses autores, em particular Theodor Adorno e Max Horkheimer, a classe operária estava crescentemente incorporada à sociedade "administrada" e submetida ao império da razão instrumental logocêntrica por mecanismos tais como a indústria cultural. Perdera seu caráter revolucionário. Com sua concentração na cultura e na filosofia, e mais ainda à medida que se desencantam completamente com as possibilidades da emancipação na modernidade avançada, os temas do movimento social proletário (nunca seu foco de fato, mesmo em seus momentos iniciais, mais otimistas) são descartados. O desenvolvimento das forças produtivas não gerara agentes realmente transformadores, ou estes haviam sido aprisionados pela lógica da razão instrumental (cf. principalmente ADORNO & HORKHEIMER, 1944-1945). Mesmo Marcuse (1964; 1972), que se mostraria mais militante e não inteiramente pessimista, desconsideraria aquelas questões. Se a crítica imanente se mantém como central para esses autores – centrada na acentuação do valor da liberdade –, nem os agentes concretos da emancipação, e muito menos as formas e estratégias que se deveriam perseguir para organizá-los, são jamais tematizados[1].

Seria com Jürgen Habermas que a questão dos movimentos emancipatórios voltaria à baila na tradição frankfurtiana. Mas isso é somente parcialmente verdadeiro. Para evitar as aporias a que a absolutização da razão instrumental levara seus predecessores, Habermas introduz a inovação decisiva da "ação comunicativa", propondo outra maneira de pensar-se a razão, que se bifurca em duas lógicas evolutivas distintas: a instrumental, ligada à cognição e ao desenvolvimento das forças produtivas; e a comunicativa, vinculada à moral, esta sim emancipatória. Aos poucos ela se desenvolveria na direção de mais reflexividade e universalidade, chocando-se com as instituições que seus estágios de desenvolvimento precedentes haviam estabelecido. A esfera da cultura, amplamente concebida, recolheria os processos de aprendizado da espécie, considerados a partir das ideias de Piaget, sem que seja claro seu caráter individual ou coletivo. De toda maneira Habermas rejeitou a ideia de um "macrossujeito" composto pela espécie e viu nos movimentos sociais específicos os agentes que trariam as novas capacitações morais dos seres humanos para o terreno das instituições. Mas eles não gerariam propriamente, ao menos na formulação de sua "reconstrução do materialismo histórico" e de sua teoria da ação comunicativa, esses novos potenciais, nos quais se encontram as possibilidades de emancipação, meramente os atualizando. Sua mescla de sociologia com filosofia, em que o predomínio desta última é visível na filosofia da história abstrata e unilinear que articula, é de toda maneira bastante pessimista, seja quanto ao papel da classe operária, seja no que concerne aos "novos movimentos sociais": ao passo que o ambientalismo seria visto como basicamente conservador, apenas o movimento

---

1 Vale notar que Jean-Paul Sartre (1965) de certa forma estava mais atento a essas questões, embora se ativesse a um plano estritamente filosófico.

feminista na virada da década de 1970 para a de 1980 parecia-lhe capaz de fazer a espécie avançar, traduzindo institucionalmente os níveis de aprendizado moral disponíveis no plano da cultura (HABERMAS, 1976; 1981). Mais ainda, jamais são os movimentos sociais em si discutidos em sua estrutura e dinâmica, questão totalmente estranha a sua obra.

Posteriormente, ao discutir a democracia e inovar nesse sentido fortemente no que se refere às preocupações e temáticas da teoria crítica, Habermas verá nos movimentos sociais aqueles agentes que, surgindo no mundo da vida e expressando-se na sociedade civil, levantam as novas questões que se põem na esfera pública e se traduzem, se são capazes de realmente influenciar a discussão, em legislação parlamentar. Mais uma vez, a questão de sua estrutura e dinâmica é posta de lado. Na mesma época, Axel Honneth (1992) trazia à tona a sua teoria da "luta pelo reconhecimento". Aqui as lutas sociais, buscando reconhecimento e direitos, aparentemente de maneira mais contingente que em Habermas, são centrais para o argumento. Permanecem na penumbra os movimentos enquanto tais, que são apenas de modo genérico apontados como aqueles que levam a cabo as lutas que desembocam em novas formas institucionais. No debate de Honneth com Nancy Fraser acerca da temática do reconhecimento essas questões reaparecem, ambos recuperando a temática da crítica imanente (HONNETH & FRASER, 2003), ela porém localizando a questão de maneira direta com relação aos movimentos sociais, havendo anteriormente analisado o feminismo nesse registro, conquanto não em termos organizacionais (FRASER, 1989; 1997).

Honneth fora aluno de Habermas, mas anteriormente seu principal auxiliar e estudante no terreno da sociologia fora Klaus Eder. Já em sua tese de livre-docência, porém, sob a influência de Max Müller, a questão do aprendizado moral e sua tradução institucional se fazem mais contingentes e decididamente coletivos (opondo-se assim Vygotsky a Piaget). O bloqueio dos processos de aprendizado mútuo na esfera pública, como ocorrera na Alemanha, levara no século XIX ao bloqueio da democracia e a patologias sociais (EDER, 1985). Ulteriormente Eder se afastaria dos debates centrais da teoria crítica, mas daria muito mais ênfase ao tema dos movimentos sociais, em uma série de publicações, que vão desde uma teoria dos novos movimentos sociais como movimentos de classe média até uma análise detalhada de certos aspectos do ambientalismo em sua radicalidade no questionamento da relação da espécie com a natureza. Contudo, observou-se claramente uma clivagem entre as teorias europeias e as norte-americanas, muito presente nas décadas de 1970 e 1980, com aquelas se concentrando na questão da historicidade e da direção do desenvolvimento social (principalmente via a influência de desdobramentos de trabalhos como o de TOURAINE, 1973), enquanto estas afunilaram na direção do estudo de temas organizacionais (via a teoria da mobilização dos recursos e, posteriormente, do processo político), seria no plano da cultura e da identidade que Eder manteria suas próprias investigações. Vale notar que o tema da criatividade se insinua de maneira tênue com esse passo, mas o conceito de "processos de aprendizado", demasiado rígido, não parece terreno fértil para que prosperasse tal inquirição (EDER, 1993; 1996; 2000).

Finalmente, vale ainda observar que a América Latina foi solo fértil para o desenvolvimento de várias abordagens de cunho crítico, com frequência vinculadas ao marxismo, mas não necessariamente. O marxismo latino-americano tendeu a manter a classe operária no centro da luta emancipatória, tendo o campesinato como mero coadjuvante. José Carlos Mariátegui (1928) foi o primeiro a dar destaque aos indígenas como sujeito da transformação social, buscando as particularidades de um "socialismo indo-americano". À parte estudos mais empíricos, contudo, muitas vezes associados à sociologia do trabalho, a análise não aprofundou a questão da organização dos movimentos sociais, muitas vezes calcando-se meramente na teoria do "populismo" tal qual formulada por Gino Germani (1965), que via na emergência de movimentos nacional-populares uma dupla instrumentalização que, se era dominada pelo polo de elites manipulativas ascendentes, reconhecia que a classe operária lograva satisfazer algumas necessidades e demandas a partir desse tipo de aliança. A partir desse momento, a matriz nacional-popular converter-se-ia em uma referência essencial para a teoria social latino-americana e a autonomia em um elemento central para a discussão sobre os movimentos sociais. Por sua vez, a teoria da dependência, em suas diferentes vertentes, ainda que consistisse em uma das intervenções teóricas latino-americanas mais originais (cf., p. ex., CARDOSO & FALETO, 1969), obscureceu as complexidades das articulações movimentalistas em tempos de forte anti-imperialismo, quando então a análise das ações coletivas que se originavam na região eram lidas, estruturalmente, como parte de um cenário mais amplo, nublando assim as especificidades dos diferentes processos e dinâmicas de contestação.

Desde então, poucas foram as tentativas de apresentar, teorias e interpretações abrangentes da América Latina, em que os movimentos sociais jogassem papel relevante (cf. TOURAINE, 1989). Isso pode parecer um paradoxo, já que nas últimas décadas o estudo dos movimentos sociais tem crescido consideravelmente, ao passo que no novo milênio o rótulo de um "pensamento crítico" é cada vez mais utilizado. No entanto, dito crescimento produz-se principalmente no terreno empírico e a definição teórico-metodológica dos movimentos sociais latino-americanos amiúde tem caído em certa mecanização (com exceções como, p. ex., GOHN, 1997, cap. 7; GOHN, 2008; SEOANE; TADDEI & ALGRANATI, 2006; SVAMPA, 2008; e os capítulos de Gohn e Falero, respectivamente, no presente livro), enquanto o que se considera propriamente teoria crítica na América Latina seja de modo geral algo bastante vago (cf. DOMINGUES, 2011).

### A renovação da teoria crítica, do estudo dos movimentos sociais e de suas inter-relações

Mostramos até aqui, resumidamente, algumas das principais interações e impasses entre a teoria crítica e os movimentos sociais. Ainda que os pontos de contato entre ambos os campos de estudo sempre estivessem de alguma maneira presentes, o diálogo nunca chegou a ser sistemático, bidirecional e claro. Por um lado, os autores mais engajados nas "teorias dos movimentos sociais" incorporaram aportes da teoria crítica de forma amiúde limitada, sem adentrar nas nuances das discussões e em suas bases epistemológicas e teóricas. Assim como Marcuse e outros foram mobilizados nas décadas de 1960 e 1970, Habermas o foi nos anos de 1990 até recentemente, e agora o alvo de algumas miradas "movimentalistas" tem sido Honneth. No entanto, o homem multidimensional, a ação comunicativa e o reconhecimento, respectivamente, foram explorados de forma parcial pelos intérpretes dos movimentos sociais, mais preocupados com "encaixes ontológicos" com seus objetos de estudo, muitas vezes demasiado delimitados, do que com o percurso amplo dessas teorizações. Por outro lado, a outra face da moeda mostra uma teoria crítica na qual os movimentos e as lutas sociais aparecem de forma muito parcial ou inclusive instrumental. Em outras palavras: não há uma preocupação central em analisar os movimentos sociais e suas dinâmicas, sendo estes atores incluídos em teorizações mais amplas na medida em que contribuem para definir e legitimar determinado esqueleto teórico.

Argumentamos que uma interação mais forte, direta e sistemática entre ambos os campos de estudo é possível e necessária. A teoria crítica necessita localizar-se novamente no centro das questões sociais contemporâneas para buscar explicações relativas à convulsão global que vive o mundo hoje. Para isso é central pensar as dinâmicas dos agentes sociais que legitimam e contestam modelos, que traçam rotas de continuidade ou mostram novos caminhos e possibilidades por construir. As teorias dos movimentos sociais também se enriqueceriam consideravelmente com um impulso ainda maior no sentido de um pluralismo teórico que articule questões organizativas, identitárias e de dinâmicas de mobilização com aspectos mais amplos da Modernidade, os quais uma teoria sociológica abrangente pode contribuir.

Porém, esse é um longo caminho, para o qual é necessário criar uma linguagem comum, definir bem os termos do debate, os planos de análise e recortes ontológicos e metodológicos[2]. As teorias dos movimentos sociais estiveram até algumas décadas atrás marcadas por disjuntivas e dicotomias tratadas de maneira relativamente rígidas: micro/macro, objeto/sujeito, estrutura/ação etc. Outras tensões como local/global também têm sido centrais nas últimas duas décadas e vêm questionando o nacionalismo metodológico ainda imperante na maioria das análises, inclusive quando o ativismo transnacional é o foco das reflexões (TARROW, 2005). A construção de análises mais complexas e relacionais que articulem diferentes planos de análise, dimensões das ações coletivas e elementos centrais da modernidade contemporânea consiste em um grande desafio.

Se alguns intérpretes localizam na atualidade uma terceira geração da teoria crítica, com Honneth como máximo expoente, podemos dizer que as teorias dos movimentos sociais também se encontram em uma terceira etapa de sua trajetória: a primeira etapa, conforme anunciado anteriormente, coincide com as interpretações dos "clássicos" da sociologia e, em particular, com o caminho iniciado por Marx. Nesse primeiro momento, as interpretações sobre os movimentos sociais estiveram marcadas pelo movimento operário e a importância atribuída ao conflito

2 Trata-se, nesse sentido, de um projeto de longa duração ao qual o presente texto somente pretende contribuir com algumas coordenadas. Um esforço amplo de discussão na rearticulação renovada entre teoria crítica e movimentos sociais tem sido realizado no Núcleo de Estudos de Teoria Social e América Latina (Netsal) por nós coordenado no Instituto de Estudos Sociais e Políticos da Universidade Estadual do Rio de Janeiro (Iesp-Uerj).

no mundo do trabalho. A falha de integração social em uma perspectiva mais durkheimiana ou o conflito racional em um sentido mais weberiano conviveria assim com a ideia seminal da luta de classes, que foi decisiva para desdobramentos posteriores do debate. Este, em diferentes regiões do mundo, apesar de todas as suas peculiaridades, teve como marco inicial as ideias dessa primeira etapa. A especialização acadêmica e uma série de lutas sociais desenvolvidas a partir de meados do século XX levaram a uma institucionalização acadêmica dos movimentos sociais como objeto de estudo, principalmente nos Estados Unidos e na Europa, nos anos de 1960. Às preocupações mais amplas do debate anterior uniram-se questões mais relacionadas às dimensões internas dos movimentos, as características dos "novos" atores sociais do conflito, os sentidos de suas ações etc. O debate entre "novos movimentos sociais", teoria de mobilização dos recursos, processos políticos e abordagens particulares como a sociologia histórica de Charles Tilly levaram a importantes avanços no debate, porém também foram se esgotando a partir dos anos de 1990 com a reconfiguração dos cenários de conflito e dos próprios atores sociais (cf. apresentação do livro).

Entramos assim na terceira fase do debate sobre os movimentos sociais em um mundo de maior complexidade, fortemente marcado pelo mercado globalizado e um capitalismo cognitivo, o uso de novas tecnologias de informação e comunicação, práticas contraditórias e uma hegemonia democrática que aparece de forma paradoxal, com processos de democratização e desdemocratização no centro e nas (semi)periferias mundiais (TILLY, 2007). Estamos ainda em processo de construção teórica dessa terceira fase, que não pode se constituir somente como movimento reativo face à globalização, ainda que o movimento antiglobalização e outros atores globais tenham sido e continuem sendo centrais. As contradições são latentes. Por um lado, encontramos mobilizações que revelam o desejo de abertura democrática em "países periféricos" (com revoltas que clamam por reformas políticas e processos de democratização como nos casos da Tunísia, Egito, Marrocos, Líbia e Síria) e ainda de aprofundamentos democráticos, por vezes radicais, como no caso da região andina, onde os movimentos sociais tiveram papel central nos processos destituintes e constituintes recentes. Por outro lado, nos encontramos com o descontentamento difuso de diferentes experiências que contestam o modelo democrático realmente existente, a gestão política (ou ausência de política face o capitalismo financeiro) da crise econômica, os déficits da representatividade, a precariedade do mundo do trabalho ou o encolhimento do Estado do Bem-estar como nos casos dos Indignados que, após sua irrupção na Espanha em 2011, alcançaram praças e ruas de diferentes países no mundo.

As diferentes teorizações sobre o ativismo transnacional, os "novíssimos atores" da era global e o projeto *contentious politics*, hoje hegemônico no debate global, contribuem para o entendimento de formas não convencionais de ativismo típicas da última década, a interpretar de forma mais "meso" e relacional os atores sociais e a contestação política, e ao relacionar os movimentos sociais com processos, atores e temas mais amplos. Contudo, o potencial de articulação com a teoria crítica ainda é algo relegado a um segundo plano em ditas interpretações.

## Conclusões: tecendo alternativas

A teoria crítica não se resume à Escola de Frankfurt nem ao marxismo ocidental, assim como o estudo dos movimentos sociais não se restringem a esses atores sociais de maneira exclusiva nem às "teorias dos movimentos sociais" delineadas na Europa e nos Estados Unidos. Adotar uma visão mais ecumênica de ambos os campos, situando outros autores e correntes que inicialmente neles não se encaixariam, porém compartilham pressupostos comuns, é um primeiro ponto de partida. Este movimento de aberturas e recortes teórico-metodológicos leva a localizar a teoria crítica como uma vertente de questionamento da Modernidade que combina o tempo presente com o horizonte futuro de possibilidades, e a crítica imanente com os agentes sociais e sujeitos da emancipação prometida pela Modernidade.

Alguns elementos sobre os "pontos críticos da crítica" têm sido desvelados na confluência do pós-estruturalismo com o pós-colonialismo (SLATER, 2004): a análise da presença e da ausência de temas e conceitos, bem como de agentes do conhecimento; o exame das relações entre poder e conhecimento; a abertura à diferença, a visões de mundo e a dinâmicas de ambiguidade, mudança e complexidade do pensamento; o questionamento via desconstrução e reconstrução; a reflexividade e a consideração da posição dos próprios autores dentro de uma geopolítica do conhecimento. De fato, fugir do eurocentrismo e do ocidentocentrismo é um imperativo, porém várias são as vias possíveis de reconstrução da teoria crítica e dos estudos sobre os movimentos sociais para além do ocidentocentrismo. Mas é preciso evitar a ênfase quase que exclusiva no plano discursivo e, em alguns casos, na ruptura total com a teoria social prévia (DOMINGUES, 2012, cap. 1), ou na absolutização da "comunidade", como se vê muitas vezes no caso de autores indianos, onde contribuições relevantes ao debate com tintas pós-coloniais podem ser encontradas (cf. SPIVAK & GUHA, 1988; CHATTERJEE, 2004). Os estudos dos movimentos sociais já há décadas vêm chamando a atenção para a importância de visibilizar as experiências sociais e históricas como base de uma abordagem dinâmica da realidade social. Este é um dos principais déficits dos estudos denominados estudos pós-coloniais que, decerto não um bloco homogêneo, nem sempre se interessam em analisar o solo concreto das dinâmicas sociais, deslocando uma centralidade sociológica fundamental para analisar tanto a Modernidade como os movimentos sociais. Com isso, a articulação entre teoria e prática em uma interpretação histórica e empiricamente orientada apresenta-se como outro desafio crucial, cujas saídas serão melhores decifradas se os estudos dos movimentos sociais se abrem também, a modo de diálogo sistemático, para um estudo com e a partir dos movimentos sociais, cada vez mais conscientes da geração de marcos interpretativos que buscam (re)significar tanto suas práticas como aparatos teóricos.

O caminho de intersecções proposto por autores como Escobar (1992) e Ray (1993) para a renovação dos vínculos entre a teoria crítica e os estudos dos movimentos sociais pode ser sugestivo, ainda que represente somente um primeiro passo, para além do qual é preciso avançar. O primeiro, a despeito de uma perspectiva problemática em relação ao tema do desenvolvimento, aponta cruzamentos férteis entre este conhecimento, política, necessidades e o caráter "autopoiético" dos movimentos sociais, ao passo que este último, conquanto muito preso ao debate habermasiano, assinala a importância de reinventar a teoria crítica em tempos de movimentos sociais globais. Neste ponto, a contingência e as escalas aparecem como palavras-chave em todo processo fronteiriço de construção interpretativa que almeje analisar como a teoria social, em um plano geral, e os movimentos sociais, de maneira particular, estão atravessados por processos e dinâmicas contingentes e escalas (do local ao global, passando por todas as intermediárias) complementárias e contraditórias que são construídas socialmente e em cuja interface são desveladas muitas das problemáticas sociais contemporâneas.

Enfim, cumpre também buscar superar a separação, acima assinalada a partir dos trabalhos de Eder, entre uma visão mais ampla dos processos históricos e da Modernidade, típica das tradições europeias, e aquelas abordagens dos movimentos sociais, mais estadunidenses, que se centram em questões organizacionais e, mais recentemente, identitárias. Deste modo uma rearticulação entre teoria crítica e teoria dos movimentos sociais pode retomar questões originais e avançar para além do ponto a que lhes conduziram os debates contemporâneos.

## Referências

ADORNO, T. & HORKHEIMER, M. (1944-1945 [1985]). *Dialética do esclarecimento*. Rio de Janeiro: Zahar.

BRINGEL, B. (2011a). "El estudio de los movimientos sociales en América Latina: reflexiones sobre el debate postcolonial y las nuevas geografías del activismo transnacional". In: YAMANDÚ A. et al. (orgs.). *Pensamiento crítico y sujetos colectivos en América Latina*: perspectivas interdisciplinarias. Montevidéu: Trilce/Udelar, p. 35-55.

______ (2011b). "A busca de uma nova agenda de pesquisa sobre os movimentos sociais e o confronto político: diálogos com Sidney Tarrow". *Política & Sociedade*, vol. 10, p. 51-73.

CARDOSO, F.H. & FALETTO, E. (1969 [1970]). *Dependência e desenvolvimento na América Latina* - Ensaio de interpretação sociológica. Rio de Janeiro: Zahar.

CHATTERJEE, P. (2004). *The Politics of the Governed* - Reflections on Popular Politics in Most of the World. Nova York: Columbia University Press.

DOMINGUES, J.M. (2012). *Global Modernity, Development, and Contemporary Civilization* - Towards a Renewal of Critical Theory. Londres/Nova York: Routledge.

______ (2011). *Teoria crítica e semi(periferia)*. Belo Horizonte: UFMG.

EDER, K. (2000). *Kulturelle Identität zwischen Tradition und Utopie* – Soziale Bewegung als Ort gesellschaftlicher Lernprozesse. Frankfurt/Nova York: Campus.

______ (1996). *The Social Construction of Nature*. Londres: Sage.

______ (1993). *The New Politics of Class* - Social Movements and Cultural Dynamics in Advanced Societies. Londres: Sage.

_____ (1985). *Geschichte als Lernprozess?* Frankfurt am Main: Suhrkamp.

ESCOBAR, A. (1992). "Imagining a Post-Development Era? Critical Thought, Development and Social Movements". *Social Text*, vol. 31/32, p. 20-56.

FRASER, N. (1997). *Justice Interruptus* - Critical Reflections on the "Post-Socialist". Condition. Londres/Nova York: Routledge.

______ (1989). *Unruly Practices* - Power, Discourse and Gender in Contemporary Social Theory. Mineápolis, MN: University of Minnesota Press.

GERMANI, G. (1965). *Política y sociedad en una época de transición*. Buenos Aires: Paidós.

GOHN, M.G. (2008). "Abordagens teóricas no estudo dos movimentos sociais na América Latina". *Caderno CRH*, vol. 21, n. 54, p. 439-455.

______ (1997). *Teorias dos movimentos sociais*: paradigmas clássicos e contemporâneos. São Paulo: Loyola.

GRAMSCI, A. (1929-1935 [2000]). *Cadernos do cárcere* - Vol. 3: Maquiavel - Notas sobre o Estado e a política. Rio de Janeiro: Civilização Brasileira.

HABERMAS, J. (1981 [1987]). *Theory of Communicative Action*. Vol. 2. Cambridge: Polity.

______ (1976 [1983]). *Para a reconstrução do materialismo histórico*. São Paulo: Brasiliense.

HONNETH, A. (1992 [2003]). *Luta pelo reconhecimento*. São Paulo: Ed. 34.

HONNETH, A. & FRASER, N. (2003). *Redistribution or Recognition* – A Political-Philosophical Exchange. Londres/Nova York: Verso.

LENIN, V.I. (1902 [2006]). *Que fazer?* – A organização como sujeito político. São Paulo: Martins Fontes.

LUXEMBURGO, R. (1906 [1979]). *Greve de massas, partido e sindicato*. São Paulo: Kairós.

MARCUSE, H. (1972 [1973]). *Contrarrevolução e revolta*. Rio de Janeiro: Zahar.

______ (1964 [1969]). *Ideologia da sociedade industrial*. Rio de Janeiro: Zahar.

MARIÁTEGUI, J.C. (1928). *Siete ensayos de interpretación de la realidad peruana*. Lima: Amauta.

MARX, K. (1852 [s.d.]). "O Dezoito Brumário de Luís Bonaparte". *Obras escolhidas*. Vol. 1. São Paulo: Alfa-Ômega.

MARX, K. & ENGELS, F. (1848 [s.d.]). "Manifesto do Partido Comunista". *Obras escolhidas*. Vol. 1. São Paulo: Alfa-Ômega.

______ (1845). *A ideologia alemã*. São Paulo: Boitempo.

McADAM, D.; TARROW, S. & TILLY, C. (2001). *Dynamics of contention*. Cambridge: Cambridge University Press.

RAY, L. (1993). *Rethinking critical theory*: emancipation in the age of global social movements. Londres: Sage.

SARTRE, J.-P. (1965 [2002]). *Crítica da razão dialética*. Rio de Janeiro: DP&A.

SEOANE, J.; TADDEI, E. & ALGRANATI, C. (2006) "Las nuevas configuraciones de los movimientos populares en América Latina". In: BORÓN, A. & LECHINI, G. (orgs.). *Política y movimientos sociales en un mundo hegemónico* – Lecciones desde África, Asia y América Latina. Buenos Aires: Clacso, p. 227-250.

SLATER, D. (2004). *Geopolitics and the post-colonial*: rethinking North-South relations. Oxford: Blackwell Publishing.

SPIVAK, G.C. & GUHA, R. (1988). *Selected Subaltern Studies*. Nova York: Oxford University Press.

SVAMPA, M. (2008). *Cambio de época* – Movimientos sociales y poder político. Buenos Aires: Siglo XXI/Clacso.

TARROW, S. (2012). *Strangers at the Gates* – Movements and States in Contentious Politics. Cambridge: Cambridge University Press.

______ (2005). *The new transnational activism*. Cambridge: Cambridge University Press.

TILLY, C. (2007). *Democracy*. Cambridge: Cambridge University Press.

TOURAINE, A. (1989). *Palavra e sangue* – Política e sociedade na América Latina. Campinas: Unicamp.

______ (1973). *Production de la société*. Paris: Seuil.

# 4
# As geografias do poder dos movimentos sociais em um período de crise

*Jaime Preciado*
*Pablo Uc*

## Introdução

Analisar as geografias do poder dos movimentos sociais implica tanto o estudo de seu potencial *antigeopolítico*, expressado em discursos e práticas contraespaciais, como de suas estratégias de vigilância e negociação com os poderes instituídos. Estão em jogo formas de conceber e exercer a democracia, a política e o governo, bem como os projetos de "desenvolvimento" que guiam as agendas nacionais. E também a tensa correlação entre governos e movimentos sociais ou o debate entre uma estrita geografia do poder estadocêntrica portadora dos interesses hegemônicos das elites nacionais e do capital transnacional e os posicionamentos antiestatais centrados na produção de espaços autônomos e no deslocamento permanente dos lugares instituídos.

Este capítulo tem o objetivo de contribuir para a discussão teórico-metodológica sobre a dimensão espacial, territorial e geopolítica dos movimentos sociais. Abordaremos este tema a partir de um debate conceitual sobre a produção de espaços expressados em representações e práticas antigeopolíticas ou contraespaciais (a geografia dos movimentos), que demandam o direito à heterogeneidade e à alteridade expressadas espacialmente (bem como o questionamento de representações e práticas responsáveis por reproduzir a estrutura social dominante) e o lugar da política (expressada nas geografias do Estado e do sistema mundo capitalista). A descrição de tais dinâmicas geográficas[1] e a interpretação de seu desenvolvimento em um período de crise nos remete uma dupla problemática: a crise conceitual e política que experimentam os movimentos sociais a partir do final da primeira década do século XXI, e, por outro lado, a atual conjuntura de crise do sistema mundo capitalista.

Quais são os novos desafios que enfrentam os movimentos sociais para construir geografias do poder alternativas às dos Estados e às do capital transnacional? Como se reposicionam e rearticulam suas geografias do poder face às variáveis que limitam suas projeções de autonomia em chave não estatal, devido à sua indissociável relação com o Estado, seu papel na condução e avaliação da ordem social e espacial pelo qual lutam e suas negociação e resistências com os reajustes do sistema mundo capitalistas no atual contexto de crise global? Para responder a estas questões, este capítulo divide-se em três partes. Na primeira, problematizam-se os movimentos sociais como produtores de espaço e território, utilizando como recurso uma conceitualização teórica das geografias do poder. Na segunda parte descreve-se o cenário geral da crise que perpassa os movimentos sociais, o sistema mundo capitalista e o papel do Estado como agente ativo entre ambas dinâmicas. Na terceira assinalam-se algumas tendências, mais ou menos gerais, que atravessam as experiências de geografias do poder dos movimentos sociais em vários países da América Latina.

---

1 Para a descrição de tais dinâmicas na América Latina existe um importante acervo de experiências empíricas desenvolvidas e balanços recentes da última década elaborados pelo Observatório Social da América Latina (OSAL, 2010; 2011; MONDONESSI & REBÓN, 2011), bem como interpretações dos tipos de práticas espaciais tecidas na região (CAIRO & PRECIADO, 2007; MAMANI, 2005; ZIBECHI, 2006; 2008; PORTO, 2001; 2006; PRECIADO & UC, 2010).

Finalmente, a modo de conclusão, reflete-se sobre a relação entre o instituinte e o instituído.

## Os movimentos sociais como produtores de espaços e territórios

Pensar nas geografias do poder dos movimentos sociais e dos Estados significa reconhecer a disputa fundamental para controlar a produção de espaços. O espaço é imprescindível para qualquer exercício de poder, e somente pode ser conquistado a partir da produção de mais espaço (LEFEBVRE, 1991). Então, a política, como exercício de poder que articula as práticas de ordenamento do social, transita e se manifesta invariavelmente através do espaço (TAPIA, 2008: 96-97). Dentro da tradição disciplinar da geopolítica clássica, Raffestin (1980) criticou que a geografia política representava quase exclusivamente uma equivalência da geografia do Estado. Mesmo quando rejeitara a utilidade da geopolítica como uma disciplina liberadora, assinalou o importante vínculo entre o "lugar do poder" e o trânsito do espaço ao território, o que implica reconhecer o papel de *outros* atores na determinação da geografia.

Portanto, as relações políticas devem ser reconsideradas não somente no âmbito estatal, mas também no local, regional e inclusive transnacional, incorporando as perspectivas de atores não estatais, a fim de desafiar a unidimensionalidade do discurso tradicional (CLAVAU, 1982). Seguindo o raciocínio de Castoriadis, Porto (2001: 7) assinala que "a geografia, como ato de marcar a terra, de apropriar-se material e simbolicamente o espaço, é um saber eminentemente ligado ao terreno político e ao processo de criação de um magma de significações sociais". Estas múltiplas significações implicam tanto o reconhecimento da dimensão discursiva que participa na configuração de espaços de poder, como dos atores que participam na sua constituição concreta, sendo os movimentos sociais os que tomam consciência ativa no deslocamento e superação dos lugares hegemônicos estabelecidos.

Aqui, a geopolítica crítica contribui a pensar que todo processo social expressado espacialmente supõe levar em consideração o binômio linguagem-poder, e, com ele, o reconhecimento das diversas representações do mundo que se encontram contidas – via cooptação ou omissão – nos espaços que constroem as geografias do poder dominante: principalmente os do Estado-nação. Desse modo, as espacialidades e histórias locais, (sub)regionais ou de outras geografias extraestatais, adquirem a capacidade de ser identificadas como práticas vitais na reprodução ou na mudança do sistema social hegemônico e o lugar que os atores partícipes ocupam nesse processo. Há *outras* geografias do poder, em ocasiões alternativas, e por vezes expressões reacionárias, em face de processos de transformação estrutural orientados à democratização dos espaços políticos e econômicos (PRECIADO & UC, 2010).

Mesmo quando as geografias do poder dos movimentos sociais supõem um sistema de relações sociais diferenciadas e contra-hegemônicas, um desafio inevitável é que tais projeções espaciais possam se materializar nos lugares hegemônicos da política (caso do Estado e as instituições), mas sem deixar de se reproduzir como um mover-se constante que desloca permanentemente tais lugares de enunciação hegemônica (ZIBECHI, 2006).

As geografias do poder dos movimentos sociais perseguem a produção de espaços diferenciados, com capacidade autônoma para a organização e construção de um tipo de relações sociais que possuem um território concreto para seu desenvolvimento (DÍAZ POLANCO, 1995). Trata-se em palavras de Jameson e Zizek (1998: 168), "do desenvolvimento de formas de identificação primordiais, as que reagem contra um mercado global, destacando-se uma dinâmica inversa à constituição dos Estados-nação na medida em que as particularidades não são anuladas, mas sim reconhecidas e por vezes promovidas". Nesse sentido, as geografias do poder dos movimentos sociais são fonte de heterogeneidade, resistência, autonomia e empoderamento frente ao Estado-nação, e também exercícios de poder que geram possibilidades de pacto e do porvir de uma nova ordem social (PAZ, 2010). As qualidades finitas do territorial – que transcorrem entre a conflituosidade e a convivência – e a tensão na confecção dos "lugares da política" nos brindam uma interpretação concreta sobre os movimentos sociais à luz de um período de crise.

Porto destaca que "todo movimento social é, em rigor, uma mudança do lugar social" (2001: 197). Já Tapia (2008) afirma que um movimento social começa a se configurar quando a ação coletiva inicia um desborde dos lugares estáveis da política, tanto no seio da sociedade civil como no Estado, mais além do legado da sociologia ocidental, limitada a reconhecer as formas de organização e os repertórios da mobilização (DALTON & KUECHLER, 1990; SANTOS, 2001; GARCÍA, 2001). De acordo com Zibechi (2008: 40), "os territórios vinculam-se a sujeitos que os instituem, os marcam, os assinalam sobre a base das relações sociais que produzem"; são "o âmbito sob o controle de sujeitos marcados pela identidade de suas presenças e, portanto, indissociável das categorias de domínio e de poder" (SEGATO, 2006: 76). Um movimento social "não tem um lugar específico para fazer política. A partir de algum núcleo de constituição de sujeitos [...] começa a transitar e politizar os espaços sociais com suas críticas, demandas, discursos e projetos" (TAPIA, 2008: 56), ou seja, trata-se do *não lugar da política.*

## Produção do poder espacial em um período de crise

A produção de contraespaços, seguindo as geografias de poder dos movimentos sociais, enfrenta uma complexidade particular, devido aos reajustes na relação *governos/movimentos sociais* e naquelas entre *Estados nacionais/esquemas de capital.* Um momento de trânsito que não esgotou totalmente as *representações espaciais* dominantes, mas que registra modificações no desenho de espaços e nas *práticas espaciais* concretas como estratégias de regulação e controle sobre a formação do social e, portanto, novos desafios à extensão de relações e espacialidades diferenciadas que têm sido construídas pelos movimentos sociais na América Latina.

### *Crise conceitual e (geo)política dos movimentos sociais na América Latina*

Os anos vividos nesse século XXI questionam e desafiam o sentido inicial e as formas de ação política a partir das quais se havia definido os movimentos sociais. Poder-se-ia dizer que há quatro variáveis interpretativas centrais para identificar os impactos relativos à dimensão de poder espacial dos movimentos sociais, ou seja, de seu potencial geopolítico:

1) Com a ascensão de governos de corte progressista ou da esquerda institucional na região entre 1999/2000 e 2010/2011 produziu-se uma cooptação inerente das agendas emblemáticas dos movimentos por parte dos Estados. Isto resulta em um aparente deslocamento do centro da discussão em torno das opções de mudança política e social na região (ZIBECHI, 2011), e uma inevitável radicalização das práticas autonômicas em chave não estatal. Os contraespaços buscam reincorporar o imaginário do nacional mediante novas iniciativas constitucionais de descentralização territorial que enunciam o reconhecimento de formas diversas de autonomia (Bolívia, Equador, México, Colômbia etc.), mas os Estados nacionais, em suas tentativas por reintegrar as geografias "dissidentes" ao discurso geopolítico nacional, debilitam a projeção espacial alternativa dos movimentos sociais, e esgotam a esperança – conceitualmente contraditória – de que o Estado constitua uma fonte geradora de autonomia.

2) Os fóruns de articulação intermovimentos que haviam encontrado sua sede primordial no Fórum Social Mundial passam por importantes dificuldades e uma perda relativa de sentido (ZIBECHI, 2011; SANTOS, 2009). Existe uma

confusão em torno de quem são os sujeitos das transformações devido às diferentes dimensões do contra-hegemônico, governos progressistas e ativistas antiestatais, que afeta a identidade política dos movimentos. As geografias do poder contra-hegemônico, que baseiam sua capacidade de resistência nas redes de articulação, enfrentam o desafio de ressubstancializar sua dinâmica de conexão e a natureza de seus fóruns de debate contra a geopolítica estadista.

3) As geografias do poder dos movimentos sociais conformam distintas relações com os projetos de integração regional, com destaque para a região do Cone Sul. Apostaram, principalmente, por fomentar a autonomia dos projetos políticos e comerciais latino-americanos, através de formas graduais de apoio a iniciativas, tais como a Alternativa Bolivariana para os Povos de Nossa América (Alba) e os Tratados de Comércio entre os Povos (TCPs), o Mercosul (em sua versão social: "Mercado do Povo"), ou inclusive a União de Nações Sul-Americanas (Unasul) em seu perfil de integração social. Contudo, enfrentam-se em projetos para a conexão dos territórios, à visão de desenvolvimento e ao modelo extrativista que tais iniciativas de integração latino-americana implicam. Logo, as territorialidades indígenas e camponesas de diversas latitudes da América Latina veem-se ameaçadas pelas próprias iniciativas de uma integração regional paradoxal.

4) Para Zibechi (2011), o problema enfrentado pelos movimentos sociais é que ainda não consolidaram uma alternativa concreta de substituição ao extrativismo, nem uma proposta específica que substitua as diversas expressões do desenvolvimentismo. O paradigma do *buen vivir* ainda não se converteu em uma alternativa política operativa na prática espacial quotidiana dos movimentos sociais (cf. GUDYNAS,

2010; DÁVALOS, 2008). Em face disso, os movimentos sociais têm um desafio: o fortalecimento de sua auto-organização territorial na esfera local, mas sem perder terreno no debate de organização espacial nacional dos modelos de desenvolvimento emergentes ou dos "projetos de país".

## *A complexidade da crise do sistema mundo capitalista*

A explosão da bolha financeira em 2008 nos países centrais, iniciando com os Estados Unidos, confirmou o papel fundamental do Estado como agente de mediação entre o sistema de acumulação capitalista e o controle diferenciado das economias nacionais. Isto é, os papéis diferenciados de intervenção – ora regulando a economia, ora legislando sua desregulação –, regidos pela posição dos Estados na economia-mundo. A primeira década do século XXI tornou evidente um processo de "desglobalização"[2] econômica e, com este, o esgotamento do discurso neoliberal como expressão irrevocável do "desenvolvimento" capitalista.

Este período de crise global e sistêmica demarca ao menos três vertentes de enfrentamento para os movimentos sociais: a) o projeto civilizatório dominante, que conjuga o colapso e a aniquilação socioambiental e submete o projeto social planetário a um esquema de acumulação de riqueza; b) a expiração espaçotemporal do capitalismo neoliberal, que se expressa, de forma variada, através de diversas escalas, local, regional, supranacional, global [...]; c)

2 Esta viu-se refletida ao menos em três aspectos. Primeiro: o retorno (ou repatriação) do capital que alcançou níveis históricos na última década, sobretudo por parte dos países centrais. Segundo: a recompensa laboral se situou em seu nível mínimo desde quarenta anos atrás e sua proporção diferenciada é crescente, em contraste com as ganâncias absolutas que representou o crescimento mundial mais extraordinário entre 2002 e 2006 a partir de 1970. Terceiro: existe uma clara intensificação de pressões protecionistas em todas as ramas produtivas, com ênfase particular para a indústria energética e alimentar (JALIFE, 2007). Daí que Roach (2006) não somente reconheça a existência de uma série de indicadores de "desglobalização" econômica, mas também um deslocamento aos interesses individuais das nações em essência: uma localização.

o *sistêmico*, que revela o esgotamento, e ao mesmo tempo os reajustes, das dinâmicas institucionais que velam pela reprodução ("criativa") do esquema de acumulação do capital (HARVEY, 2003).

Cada dimensão da crise implica uma reestruturação das formas de controle e subordinação que exercem os Estados e o capital transnacional. Isto freia e estatiza os interstícios abertos pelas geografias dos movimentos sociais que, em sua produção de espacialidades alternativas, põem em crise o esquema de *compressão espaçotemporal* que reduz o tempo de rotação do capital[3] (HARVEY, 2003), ao bloquear ou resistir à desapropriação de terras, mediante uso intensivo dos solos para exploração sem benefício comunitário (o que HARVEY, 2008, denomina "acumulação por desapossamento"). Uma nova estratégia de reconexão entre os territórios de exploração, o capital multinacional e os grandes mercados se opõem às práticas espaciais de poder contra-hegemômico.

## Estado e movimentos sociais: a conflituosa relação entre o instituinte/instituído

As convergências e disputas entre Estado e movimentos sociais estão marcadas por novos dilemas, já que a capacidade de regulação/cooptação por parte dos governos nacionais aumentou em vários países após o triunfo de correntes partidárias de cortes progressistas ou de uma esquerda eleitoral heterodoxa. Vários dos movimentos sociais, ou ao menos um setor desses atores, enfrentados com governos neoliberais desde finais dos anos de 1990 e inícios do século XXI, participam nas novas estruturas estatais, e isso obriga a reconceitualizar a ideia de movimentos sociais e, paralelamente, suas estratégias de resistência, sua articulação e sua posição mediante as estruturas do Estado. Os movimentos, como geradores de geografias de poder, fomentam seu "não lugar da

3 Como ocorreu com as experiências das fábricas recuperadas na Argentina após o "*crack* de 2001" (ANTÓN et al., 2010).

política", mas ao mesmo tempo, eventualmente e inevitavelmente, "estacionam" temporalmente para redefinir as fontes instituintes de um projeto renovado de sociedade. Nessa relação Estado/ movimentos sociais identificamos três tendências empíricas, que ilustram a dinâmica de conflito e convergência.

a) *Tendência convergente e capacidade de negociação e pacto.* Nos casos da Bolívia, Equador, e em menor medida Venezuela, as geografias de poder dos movimentos e dos Estados conseguiram convergências importantes, dado que as lutas sociais influenciaram na reconfiguração política e normativa do projeto estatal em novas constituições. Parte dos movimentos sociais ampliou as bases do atual partido de governo: o MAS-IPSP, e vários dirigentes assumiram a função estatal. Contudo, no período pós-constitucional (2009-?) tem se evidenciado um crescente distanciamento e relativas rupturas dos movimentos sociais com a direção de Evo Morales e o MAS (CHÁVEZ, 2010), e inclusive outros partidos disputam o poder, sobretudo para recuperar o capital dinâmico de suas projeções espaciais e lutas territoriais autônomas; promessas constitucionais tencionam a obediência governamental[4]. No caso equatoriano, a tendência convergente é mais débil, já que as organizações indígenas nacionais (principalmente a Confederação de Nacionalidades Indígenas do Equador) também jogaram um papel definitivo no triunfo de Correa e no debate e redação da nova constituição política do Estado (2007-2008), mas rompeu de maneira mais radical com o processo político – a denominada revolução democrática – a partir de 2009 (RA-

---

4 Destaca o confronto em 2009 com os povos indígenas originários do Oriente, impulsionados pela Cidob, a mobilização nacional contra o "gasolinazo" decretado pelo governo central a finais de 2010 e, em 2011, a oposição à construção do segundo tramo da estrada que atravessa o Território Indígena Parque Nacional Isiboro Securé.

MÍREZ GALLEGOS, 2010). No Equador as geografias de poder dos movimentos sociais se expressam como projeto antiestatal, face à crescente orientação do governo de Correa a aprofundar no modelo desenvolvimentista.

b) *Tendência de convergência baixa, conflituosidade ativa com espaços específicos de negociação e alta capacidade de cooptação por parte do Estado.* No Brasil o êxito de uma ambiciosa estrutura de políticas sociais impulsionada na administração Lula (2003-2010) alcançou uma redistribuição relativa dos ingressos, recuperando margens importantes de governabilidade, a ampliação da geografia do poder do Estado e uma delimitação reduzida dos pontos de negociação com os movimentos sociais, cuja criminalização pelas oligarquias regionais é crescente (SANSÓN, 2008). O agronegócio ameaça a Amazônia como tendência estrutural que sobrepassou os esforços da administração Lula por contê-lo[5]. Daí que o Movimento dos Sem Terra (MST) impugne o fracasso das metas da reforma agrária no país e limite a capacidade de cooptação do Estado para desagregar as geografias em resistência de seus assentamentos da espacialidade estatal hegemônica. Na Argentina, da capacidade inicial dos movimentos, principalmente urbanos, que levaram à recuperação de fábricas após a crise de 2001, observa-se uma crescente perda de autonomia, fruto da exitosa cooptação e fragmentação de movimentos de "piqueteros", a partir das políticas implementadas pelo governo Kirchner (2003-2007). Por sua vez, a crescente expansão da produção de soja aumentou o poder da indústria agroexportadora e

---

5 Uma geopolítica fragmentada que representa uma questão de segurança, já que, segundo Martins (apud ZIBECHI, 2008), no final da década passada 120 milhões de hectares de terras brasileiras eram suscetíveis de ser incorporadas à produção de matérias-primas para criar etanol, aprofundando o conteúdo conflituoso do território.

afetou profundamente os povos originários e as pequenas economias camponesas. Contudo, o esquema organizativo contraespacial dos bairros urbanos marginais abre novos desafios à capacidade de governabilidade do Estado, e uma nova agenda de tensões entre geografias do poder e das resistências (SVAMPA, 2008).

c) *Tendência de convergência nula, conflituosidade permanente e estratégias violentas de submissão.* Trata-se de casos onde uma lógica de violência sistemática no controle do espaço por parte do Estado, e expressões extensivas do capital extrativista e bélico, cujos braços de segurança pública e forças armadas nacionais controlam e expropriam o espaço. A capacidade de veto e crítica das geografias de poder dos movimentos sociais foram criminalizadas e reprimidas mediante geografias estatais orientadas a fraturar o tecido social a partir do qual se articulam as perspectivas de contraespacialidade. No México, Colômbia e América Central reclama-se uma reconversão do espaço público em cenário de guerra a um espaço de relações sociais pacíficas. As geografias estatais possuem um baixo, e paradoxal, nível de soberania, já que se encontram inseridas em projetos estratégicos de segurança nacional codirigidos pela projeção hegemônica estadunidense e outros polos de poder do capital transnacional. Enquanto isso, as geografias do poder dos movimentos sociais expressam sua potencialidade em uma geopolítica ativa da paz, resistência e direitos humanos. As experiências zapatistas comunitárias de autonomia, de fato, no México, marcam uma gama de territorialidades em resistência efetiva, mediante seu ato-governo, embora sempre estejam ameaçadas pelo isolamento social. Experiências comunitárias em Michoacán ou Guerrero, México, representam uma importante expressão de autodeterminação mediante a conformação de seus próprios sistemas de segurança/polícias comunitárias.

## Como construir espaços políticos ampliados a partir de geografias do poder diferenciadas?

A supervisão e a crítica democrática dos movimentos sociais sobre os projetos governamentais possuem capacidade de regulação na medida em que articulem uma correlação de poder mais ou menos estável na gestão e usos do espaço. Mas o controle sobre as decisões do Estado, não autônomas das dinâmicas de acumulação de capital regional e internacional, faz com que o exercício de veto que os movimentos sociais podem chegar a ter seja visto refletido em territorialidades que demandam ou inclusive exercem uma crescente autonomia em chave não estatal.

As geografias do poder contraespacial na América Latina, nos países com perspectiva progressista, experimentaram importantes aproximações à conformação de Estados integrais, visto seu alcance para gestar uma sociedade inclusiva no Estado. Contudo, os limites aproximaram-se na medida em que as agendas de Estado aprofundam a exploração de recursos para sustentar sua plataforma partidária a partir de políticas públicas capitalistas, dando as costas ao conteúdo político gerador de espaços e relações diferenciadas e equitativas.

Na Bolívia existem maiores canais ativos na relação comando/obediência entre governos e movimentos que podem pressionar a regulação da estrutura capitalista do Estado. No Equador a tendência é a radicalização da proposta dos movimentos, orientada a romper os alcances da integralidade estatal, e a fortalecer a projeção espacial autônoma antiestado. No Brasil, Argentina e Venezuela, a geografia do poder do capital afeta a capacidade de mediação estatal e diminuem as convergências com as geografias dos movimentos. Enquanto que México, Colômbia, Peru e alguns países centro-americanos tentam normalizar a violência e um tácito Estado de exceção, com o discurso de um Estado de direito, que, em meio à sua corrupção, submeteu os espaços democráticos de negociação e deliberação política.

## Referências


CAIRO, H. et al. (orgs.). *La construcción de una región* - México y la geopolítica del Plan Puebla Panamá. Madri: Instituto Universitario de Desarrollo y Cooperación/UCM.

CECEÑA, A.E.; AGUILAR, P. & MOTTO, C. (2007). "Territorialidad de la dominación: Integración de la Infraestructura Regional Sudamericana (Iirsa)". *Observatorio Geopolítico Latinoamericano*.

CHÁVEZ, P.; MOKRANI, D. & URIONA, P. (2010). "Una década de movimientos sociales en Bolivia". *Una década de movimientos populares en América Latina* - Observatorio Social de América Latina, año XI, n. 28, nov. [Publicação semestral].

CLAVAL, P. (1982). *Espacio y poder*. México: FCE.

DALTON, R. & KUECHLER, M. (orgs.) (1990). *Challenging the Political Order*: New Social and Political Movements in Western Democracies. Oxford: Polity Press.

DÁVALOS, P. (2008). "El Sumak Kawsay (Buen vivir) y las cesuras del desarrollo". *Alai*, mai. [Disponível em http: //alainet.org/active/23920].

GARCIA LINERA, Á. (2001). "La estructura de los movimientos sociales en Bolivia". *Osal*, año XII, n. 29, set. Buenos Aires: Clacso.

GUDYNAS, E. (2010). "La Pachamama: ética ambiental y desarrollo". *Le Monde Diplomatique, Bolivia*, año 3, n. 26, mai.

HARVEY, D. (2008 [1990]). "Compresión espacio-temporal y condición posmoderna". *La condición de la Posmodernidad* – Investigación sobre los orígenes del cambio cultural. Madri: Akal.

______ (2003 [2000]). "Desarrollos geográficos desiguales". *Espacios de esperanza*. Madri: Akal.

JALIFE-RAHME, A. (2007). *Hacia la desglobalización*, México: Jorale/Orfila.

JAMESON, F. & ZIZEK, S. (1998). *Estudios culturales* – Reflexiones sobre el multiculturalismo. Buenos Aires: Paidós.

LEFEBVRE, H. (1991 [1974]). *The production of space*. Oxford: Blackwell.

MAMANI, P. (2005). *Geopolíticas indígenas*. El Alto: Cades.

PAZ, S. (2010). *Ideas preliminares para pensar la política de la diferencia* [Disponível em http: //maestriaencomunicacionintercultural.blogspot.com/2010/01/sarela-paz-patino.html – Acesso em ago./2011].

PORTO GONÇALVES, C. (2001). *Geografías, movimientos sociales, nuevas territorialidades y sustentabilidad*. México: Siglo XXI.

PRECIADO CORONADO, J. & UC, P. (2010). "La construcción de una geopolítica crítica desde América Latina y el Caribe – Hacia una agenda de investigación regional". *Geopolítica(s)* – Revista de estudios sobre espacio y poder, vol. 1, n. 1, p. 65-94.

RAMÍREZ GALLEGOS, F. (2010). "Fragmentación, reflujo y desconcierto - Movimientos sociales y cambio político en el Ecuador (2000-2010)". *Una década de movimientos populares en América Latina* - Observatorio Social de América Latina, año XI, n. 28, nov. [Publicação semestral].

ROACH, S. (2006). "From globalization to localization". In: STANLEY, M. *Global Economic Forum* [Disponível em http: // www.morganstanley.com/views/gef/archive/2006/20061214-Thu.html - Acesso em set./2011].

SANTOS, B.S. (2009). "El Foro Social Mundial y la izquierda global". In: HOETMER, R. (org.). *Repensar la política desde América Latina*: cultura, Estado y movimientos sociales. Lima: Universidad Mayor de San Marcos/Programa Democracia y Transformación Global.

______ (2001). "Los nuevos movimientos sociales". *Osal*, año XII, n. 29, set. Buenos Aires: Clacso.

SEGATO, R.L. (2006). "En busca de un léxico para teorizar la experiencia territorial contemporánea". HERRERA GÓMEZ, D. & PIAZZINI, S. (orgs.). *(Des)territorialidades y (no) lugares* - Procesos de configuración y transformación social del espacio. Medellín: La Carreta/Universidad de Antioquia, p. 75-94.

TAPIA, L. (2008). "Movimientos sociales, movimiento social y los lugares de la política". *Política Salvaje*. La Paz: Muela del Diablo.

ZIBECHI, R. (2011). "¿Es necesario un foro social en América Latina?" *Diario La Jornada*, fev. México.

______ (2008). *Territorios en resistencia* – Cartografía política de las periferias urbanas latinoamericanas. La Paz: Textos Rebeldes.

______ (2006). "Movimientos sociales: nuevos escenarios y desafíos inéditos". *Osal*, año VII, n. 21, set.-dez. Buenos Aires: Clacso.

Parte II

# Ação coletiva, movimentos sociais e reconfiguração das práticas

# 5

# Analisando democracias a partir das relações entre Estados e movimentos sociais: os casos da Venezuela, Bolívia e Equador

*Fabricio Pereira da Silva*

Venezuela, Bolívia e Equador são países marcados atualmente pela constituição de governos progressistas que pretendem superar a crise orgânica manifestada em suas sociedades e transformá-las. Nelas ocorreram processos de colapso das instituições, bem como sua superação a partir de movimentos de "refundação". Em meio a um processo de perda de legitimidade de partidos e formas de representação tradicionais e de colapso dos sistemas partidários vigentes, o Movimento V República da Venezuela (MVR, posteriormente Partido Socialista Unido da Venezuela, Psuv), o Movimento ao Socialismo (MAS) da Bolívia e o Pátria Altiva e Soberana (País) do Equador canalizaram o descontentamento popular e chegaram ao poder com apoio majoritário, organizando governos liderados respectivamente por Hugo Chávez, Evo Morales e Rafael Correa.

Pretendo discutir as transformações ocorridas na representação, participação e deliberação democrática dessas sociedades nos últimos anos, e proponho fazê-lo a partir da chave da interação entre os Estados em processo de reformulação e os movimentos sociais em atuação nesses países. Isso constitui uma forma de abordar ao mesmo tempo dois temas centrais para a compreensão dos referidos processos de refundação: o estágio atual da democracia nesses países, a partir das mudanças e permanências nas formas de interação Estado/sociedade. Para isso, primeiramente apresento algumas chaves teórico-analíticas que considero válidas para a análise das relações Estado/sociedade nos países estudados. A seguir, refiro-me aos experimentos de democracia participativa e direta nessas sociedades levadas a cabo em meio aos referidos processos refundadores, destacando a referida relação Estado/sociedade.

## Reflexões iniciais

Quando trato aqui de crise na Venezuela, Bolívia e Equador, eu não me restrinjo ao campo propriamente institucional, mas refiro-me a um movimento estrutural, a uma crise "orgânica", na qual se manifesta uma crise de direção político-social, algo notado na Bolívia, na Venezuela e no Equador. Nesses países o que se convencionou denominar "modelo neoliberal" e o bloco de forças que o sustentava foram fortemente contestados. Mas certamente não é somente com o fracasso do modelo neoliberal que essas crises se relacionam, é também com o esgotamento de formas de organização estatal, dominação social, baixa inclusão político-social e monopólio partidário, expressados em mais largas durações. Nesses países constata-se uma "crise de hegemonia", "do Estado em seu conjunto" (GRAMSCI, 2002, vol. 3: 60), que está longe de ser solucionada, podendo se estender por um longo período. Com isso, a possibilidade de hegemonia neoliberal vê-se reduzida, e assume primazia "o momento da dominação, no qual o Estado e a coerção têm um papel tão central a cumprir" (DOMINGUES, 2009: 192).

Especialmente na Venezuela e no Equador nem se poderia afirmar que o corpo de proposições neoliberais se tornou exatamente hegemônico em algum momento – a não ser entre os setores políticos do *mainstream*. Nesses países o fator "dominação" foi determinante ao longo da maior parte do processo[1]. Neles o "empate catastrófico" de forças sociais e políticas, surgido em meio à crise hegemônica, teria resultado em experiências de lideranças "heroicas" que constituiriam formas de "cesarismo progressista". Segundo Gramsci, "o cesarismo é progressista quando sua intervenção ajuda a força progressista a triunfar, ainda que com certos compromissos e acomodações que limitam a vitória" (2002, vol. 3: 76). Nesses países as fragilizadas alianças anteriores (expressadas politicamente nos partidos e elites políticas "tradicionais") vão dando lugar a novas configurações, constituídas em torno das referidas lideranças heroicas. Assim, elas se tornam fundamentais até aqui na preservação e reprodução de bases de sustentação dos processos refundadores. Já na Bolívia, apesar de certos aspectos de arbitragem contidos na liderança de Morales e na atuação do MAS, os novos grupos sociais e políticos no poder (constituídos principalmente de novos e antigos movimentos sociais progressistas) são os que mais poderiam ser tratados como construtores em potencial de uma nova hegemonia e consenso, configurando um novo "bloco histórico", que nada mais é do que a identificação concreta e sem contradições de fundo entre novos conteúdos econômico-sociais e novas formas ético-políticas (GRAMSCI, 2002, vol. 1: 308). Nesse sentido, o caso boliviano se caracterizaria por maior organicidade, enquanto o caso venezuelano e o equatoriano constituiriam fenômenos de cesarismo progressista. No primeiro o elemento de transformação teria um maior potencial, tanto de desenvolvimento quanto de reprodução no tempo.

---

1 Algo evidenciado no episódio venezuelano do *Caracazo*, revolta popular espontânea ocorrida em fevereiro de 1989, que teve como estopim o aumento do combustível e consequentemente das tarifas dos transportes públicos, e que foi violentamente reprimida à custa de centenas de mortos.

Os fenômenos aqui estudados são classificados por parte da literatura especializada como "semiautoritarismos", "populismos", na melhor das hipóteses "democracias de baixa qualidade"[2]. Para analisar esse tema, urge antes de tudo mergulhar no debate teórico (clássico e contemporâneo) em torno da democracia, para definir a partir de quais bases teórico-metodológicas se poderiam avaliar a "qualidade" dessas democracias. Devem-se evitar as visões que consideram que exista uma contradição entre representação e participação, vistas às vezes como polos excludentes. Pretendo entender a democracia como uma pluralidade de formas de expressão que permite diversas combinações e estruturações. Nos países analisados, sugiro que há uma combinação entre as instituições da democracia representativa, novas formas de participação e fenômenos mais próximos de uma "democracia plebiscitária". Em certo sentido elas poderiam constituir expressões de "demodiversidade" (SANTOS & AVRITZER, 2003), mas ao mesmo tempo das dificuldades contidas em sua prática. Por um lado, a democracia representativa é criticada nesses processos de refundação (e também pelos setores sociais organizados mais representativos), geralmente associada à "velha política", aos "partidos tradicionais", à corrupção e dominação que os refundadores pretendem superar. Por outro, a partir dos novos Estados e da sociedade organizada surgem expressões e novas institucionalidades de participação e deliberação direta, que na prática convivem até aqui com a preservação dos mecanismos de representação. Avaliar essa relação em profundidade está na chave de qualquer análise acerca desses novos regimes refundadores.

Ao contrário das propostas hegemônicas nesse campo, não considero haver uma positividade intrínseca contida na representação, em detrimento da participação. No entanto, deve-se reco-

---

2 Para a associação desses processos ao populismo, cf., p. ex., Castañeda (2006) e Alcántara (2008). Para a associação ao autoritarismo, conferir Petkoff (2005) e Mires (2008).

nhecer sua importância para garantir a expressão das minorias e a deliberação viável em sociedades complexas e de enormes dimensões, por mais descentralização que se possa propor (SANTOS, 2010), assim como reconhecer possíveis dificuldades derivadas de excessos de participação. Fóruns de debate e deliberação representativa como os parlamentos podem ser insubstituíveis para a articulação e desenvolvimento de visões e projetos alternativos de sociedade. Nem falar da importância dos direitos individuais e de expressão para a garantia da realização de democracia em suas diversas formas. Em suma, se o poder constituinte pode ser ampliado de modo a se realizar por mais tempo, através de novas formas e em espaços sociais até então refratários a ele, isso não implica no abandono de elementos de representação, nem do poder constituído e das representações de cidadãos individuais, setores organizados e regiões.

Caberá então compreender o tratamento da democracia nesses países a partir desse equilíbrio delicado entre transformação/desvalorização da representação e aprofundamento/valorização da participação e deliberação direta – tudo isso em meio a um processo de desconstrução e reconstrução institucional e política. Para uma abordagem desse tipo da questão democrática, torna-se um recurso interessante recorrer aos movimentos sociais. Devem-se evitar análises que partam tanto de uma concepção da sociedade como espaço de interação entre indivíduos atomizados (por mais que as sociedades capitalistas insistentemente apontem nessa direção) quanto de uma concepção social estruturalista/historicista. Para fugir desses dois extremos, enfocar as subjetividades coletivas – e aqui entrariam tanto o Estado quanto os movimentos sociais – se torna um recurso analítico poderoso. Domingues (2009) sugere fazê-lo como forma de escapar do dilema agência/estrutura, apontando as subjetividades coletivas como coletividades que tecem a vida social e levam adiante "giros modernizadores" mais ou menos centrados. Os "giros modernizadores" realizados nesse momento na Venezuela, Bolívia e Equador vêm sendo levados a cabo por esses sujeitos coletivos: Estados em processo de refundação e movimentos sociais progressistas. Entender sua relação ajudaria a compreender lógicas comuns e particulares dessas transformações.

Deve-se partir aqui da constatação de que as transformações societárias globais e especificamente latino-americanas efetivamente enfraqueceram a tese da centralidade da identidade classista (operária e secundariamente camponesa) enquanto agente da transformação social e da estruturação dos movimentos sociais. A "pluralização dos movimentos sociais e a perda de uma clara hierarquia entre eles implicaram no que se poderia definir como o seu descentramento enquanto subjetividades coletivas. Sua identidade é mais fluida quando se considera o somatório dos movimentos [...]; e sua organização tende em muitos casos [...] a ser mais dispersa" (DOMINGUES, 2007: 174). Se por um lado há certo exagero na aplicação da tese da centralidade identitária classista à realidade latino-americana em qualquer momento e nem sempre se reconheça sua heterogeneidade estrutural, por outro lado é inegável que especialmente nas décadas de 1980 e 1990 fenômenos como o aumento do desemprego, do subemprego e do setor de serviços, da pobreza e da miséria enfraqueceram formas mais tradicionais de articulação e mobilização popular – o que não quer dizer que o sindicalismo tenha deixado de ter relevância na região. No entanto, visões potencialmente pessimistas de que essas transformações poderiam significar um impacto negativo de longo prazo nos movimentos sociais do continente foram desmentidas pelo surgimento de novas subjetividades coletivas (MANEIRO, 2006), e por fenômenos como o ressurgimento das identidades étnicas em chave contemporânea. Em suma, a pulverização social não se cristalizou, e se gestaram processos de "reencaixe reflexivos coletivos" (WAGNER, 1994), emergindo novos sujeitos sociais calcados por vezes em identidades mistas

(DOMINGUES, 2009), num quadro de crescente heterogeneidade da sociedade civil "em termos de atores sociais, formas de ação coletiva, teleologia da ação, construção identitária e projetos políticos. [...] [Nela] coexistem os mais diversos atores, tipos de práticas e projetos, além de formas variadas de relação com o Estado" (DAGNINO; OLVERA & PANFICHI, 2006: 27).

Com isso, deve-se evitar entender os movimentos sociais como intrinsecamente democratizantes, apesar do reconhecimento de "uma tendência contemporânea para que muitos deles incorporem uma dimensão renovada de luta democrática, que se expressa em diferentes paisagens materiais e simbólicas, contribuindo para a reinvenção das práticas e teorias democráticas" (BRINGEL & ECHART, 2008: 458). Deve-se deixar de lado certa visão da sociedade civil como bloco virtuoso em oposição a um Estado intrinsecamente autoritário e dedicado à conquista e acúmulo do poder[3]. A referida heterogeneidade crescente no campo dos movimentos sociais impõe restrições ao estabelecimento de padrões unitários de interação entre Estado e sociedade civil organizada. No entanto, procuro aqui definir tendências gerais a partir de recorte analítico e metodológico amplo, o que obviamente não excluiria a observação de exceções e aspectos distintos se a opção fosse pelos estudos de caso, por exemplo.

## Democracias, Estados e movimentos sociais

Algumas das transformações institucionais e práticas levadas a cabo pelos processos de refundação têm sido a gestação e fomento de mecanismos e espaços de participação e deliberação direta[4]. A lista de mecanismos e iniciativas nesse sentido é exten-

---

3 Cabe acrescentar que o polo estatal também apresenta forte heterogeneidade e historicidade, no sentido da noção gramsciana de "Estado ampliado".

4 Os casos estudados também introduziram transformações diretamente nos mecanismos de representação, estendendo-os na forma de aumento da representação de gênero e indígena, bem como da introdução da representação em espaços onde

sa[5]. Os mecanismos de democracia direta introduzidos por esses regimes são basicamente: referendos para revogação e ratificação de leis constitucionais, bem como de decisões relativas à política externa[6]; revogação de todos os cargos eletivos; iniciativa de lei popular, e inclusive de convocação de assembleia constituinte. Exemplos disso são as ratificações das convocações de assembleias constituintes nesses países, e a posterior aprovação popular das novas constituições; bem como os diversos referendos revogatórios levados a cabo especialmente na Venezuela e na Bolívia, incluindo os dos próprios presidentes – no primeiro por iniciativa popular (da oposição), no segundo do próprio presidente –, em ambos os casos vencidos pelos mandatários.

Quanto aos novos espaços de participação, passam principalmente por mecanismos de controle e rendição de contas, através da instituição nos três países de novos poderes direcionados a isso, transformando a lógica liberal clássica de divisão do aparato estatal em três poderes (executivo, legislativo, judiciário)[7]; e de cogestão, aí incluídos o desenho de políticas públicas e elaboração de planos nacionais na Bolívia e no Equador, e a execução de obras, programas sociais, prestação de serviços públicos e mesmo gestão de empresas públicas na Venezuela. Um exemplo do primeiro tipo pode ser dado pelo Conselho de Participação Cidadã e Controle Social do Estado equatoriano. Trata-se de uma insti-

---

anteriormente ela não existia – como o Poder Judiciário. No entanto, deixo esses aspectos de fora dessa análise. Também não abordo formas localizadas de expansão da participação e da descentralização – como o estabelecimento de territórios autônomos indígenas, ou de elementos e organismos de participação e deliberação criados por governos subnacionais.

5 Para uma apresentação desses mecanismos, remeto a Flores, Cunha e Coelho (2010), e a Welp (2009).

6 Nos três países qualquer modificação constitucional deve ser ratificada, assim como decisões transcendentes relacionadas à perda de soberania nacional para organismos internacionais.

7 A Função de Controle, Defesa da Sociedade e do Estado na Bolívia, a Função de Transparência e Controle Social no Equador, e o Poder Cidadão na Venezuela.

tuição formada por representantes da sociedade organizada (sem vínculos partidários), com o intuito de "incentivar os âmbitos de deliberação pública e participação política, combater a corrupção e estabelecer mecanismos populares de prestação de contas dos outros poderes estatais" (PERNASETTI, 2010: 1). Seus participantes foram selecionados para mandatos de cinco anos mediante concurso público, e sua estruturação poderia ser entendida, além de participação popular, como uma forma de estruturação de uma representação "pós-liberal" (p. 19-20). Já um exemplo da segunda modalidade são os Conselhos Comunais (CC) venezuelanos, organizados a partir de certo número de famílias organizadas num âmbito espacial local. Estes foram fomentados pelo regime especialmente a partir de 2006, como mecanismo preferencial de participação popular no desenho e implantação de políticas públicas, e de maneira geral como meio de construção de uma "democracia revolucionária e socialista"[8].

É inegável que todas essas instituições ocupam espaços antes monopolizados pela representação. Em especial os referendos revogatórios de mandato modificam em parte a essência da instituição de representantes nas democracias liberais na medida em que reduzem a autonomia do representante em relação ao representado e fortalecem o elemento delegativo dessa relação. Mas também a inserção de representantes de determinados setores sociais organizados na estrutura estatal introduz elementos não liberais à representação. Poderia se concluir que, sem abdicar absolutamente dos mecanismos de democracia representativa, esses novos regimes propõem revigorar a participação popular. No entanto, e como é natural, há controvérsias acerca desses pontos. Alguns autores sugerem haver nesses países uma tensão entre os mecanismos de democracia participativa e direta e a democracia representativa:

---

8 A partir de então, o regime passou a defender uma "democracia revolucionária e socialista", que englobaria a "democracia participativa e protagônica" consagrada na Constituição de 1999.

eles funcionariam "não de forma complementar, mas abertamente em competição" (WELP, 2009: 150). Outros vão mais longe, definindo que esses mecanismos têm sido instrumentos para o estabelecimento de democracias "plebiscitárias" e para o fortalecimento do "hiperpresidencialismo", principalmente na Venezuela (PENFOLD, 2010; OLVERA & CHAGUACEDA, 2010).

Poderia ser sugerido também que as transformações referidas apontam na direção de uma maior interação entre um Estado em processo de abertura (ligeiramente mais permeável e penetrado pela cidadania) e a sociedade – relação na qual seus setores organizados têm importante papel a cumprir, inclusive regulamentado constitucionalmente. No entanto, mais uma vez a relação não é tão simples. Um bom exemplo disso é a análise que García-Guadilla (2009) apresenta dos CC. A autora aponta que os referidos organismos de participação em sua maioria são criados de "cima para baixo"; dependem dos recursos oficiais; prestam-se mais à execução de benfeitorias locais que ao debate ou ao desenho de políticas públicas mais gerais; dificilmente reúnem setores sociais plurais, além de possuir dificuldades de articulação entre eles; e são acionados pelo regime como apoios em momentos eleitorais. Conclui que, "enquanto os objetivos e o discurso presidencial falam de apoderamento, transformação e democratização, as práticas observadas apontam na direção do clientelismo, cooptação, centralização e exclusão devido à polarização política" (GARCÍA-GUADILLA, 2009: 320-321).

Como se vê, os dilemas entre representação e participação e entre Estado e sociedade civil seguem sendo levantados pelos analistas, e de alguma forma efetivamente se materializando diante de nossos olhos. No entanto, ambos não devem ser considerados dilemas insuperáveis – por vezes constituem falsos dilemas. De qualquer forma, pode-se buscar uma saída intermediária a essas questões. Para isso, uma boa chave analítica pode estar na relação entre os movimentos sociais e os processos de refundação, desde sua configuração enquanto alternativas de poder até a ocupação e transformação do Estado.

Os movimentos de protesto configurados na Venezuela, Bolívia e Equador a partir dos anos de 1980 se caracterizaram muitas vezes pela maior pluralidade, pulverização, estruturação em redes e territorialização (o *barrio* venezuelano, os sindicatos rurais, *ayllus* e *juntas vecinales* bolivianos). Em momentos como o *Caracazo* venezuelano e a derrubada do Presidente Lúcio Gutiérrez no Equador em 2005 pelo movimento dos *foragidos*[9], a expressão semiespontânea foi norma. Já no caso dos *cocaleros* bolivianos, manifesta-se forte coesão grupal e senso de coletividade. Assim, apesar de algumas características comuns, nota-se a diversidade de experiências. Deve-se analisar como essa diversidade se inseriu primeiramente no processo de proposição de uma alternativa hegemônica em suas sociedades, e posteriormente como vem participando dos referidos processos de transformações. É provável que a natureza da relação entre as novas lideranças políticas e configurações estatais por um lado, e os novos movimentos sociais por outro, esteja no centro das características próprias assumidas por cada processo.

Seguindo as sugestões de Maneiro (2006), é possível "relacionar as transformações nas formas de vinculação do Estado com a sociedade civil como elemento central, embora não unívoco, de explicação do surgimento dos movimentos sociais nos últimos anos em nossa região" (2006: 107). Nesse sentido, o crescimento das mobilizações sociais e surgimento de novas subjetividades coletivas autônomas nos três países analisados a partir da segunda metade dos anos de 1980 estariam relacionados ao

9 Movimento de protestos semiespontâneos, formado majoritariamente pela juventude e camadas médias, e caracterizado pela convocação de mobilizações a partir de novas tecnologias de comunicação. Seus participantes foram chamados de "foragidos" pelo presidente, e acabaram assumindo a alcunha.

fim do padrão "cooptação/repressão" anterior[10]. Esse padrão se manifestava na forma de aliança "Estado e partidos tradicionais/trabalhadores" na Venezuela, e "Estado/campesinato" na Bolívia e no Equador, superadas pelas crises econômicas e implantação do neoliberalismo dos anos de 1980 e 1990. Na sequência, seria igualmente possível analisar o papel e características atuais dos movimentos sociais nos atuais processos de refundação a partir de como as relações Estado/sociedade atualmente vêm sendo reconstruídas. Na Venezuela pode-se sugerir que movimentos sociais locais e por vezes espontâneos não foram os artífices e sustentáculos do processo desde o princípio, com o que se relacionaria certa impositividade das políticas chavistas (com sentido de cima para baixo), inclusive participando da gestação de novos movimentos sociais mais recentes. Seguindo a sugestiva terminologia de Mirza (2006), que classifica a relação Estado/movimentos sociais a partir das categorias de "reflexo/dependência", "autonomia moderada" e "autonomia radical", nota-se na Venezuela certa oscilação dos movimentos entre a primeira e a segunda formas (que derivariam na prática em apoio aberto ou crítico ao Estado).

Já a Bolívia constituiria um caso distinto, na medida em que movimentos sociais fortemente estruturados, aliados entre si a partir de redes regionais e nacionais e construtores de um projeto contra-hegemônico mais sólido efetivamente se constituíram em artífices e sustentáculos do processo de refundação – tendo organizado para isso verdadeiras rebeliões[11] ao longo da constru-

---

10 No período anterior instituiu-se nesses países com maior ou menor intensidade entre o Estado e setores mais organizados da classe operária e do campesinato uma relação que se movia pendularmente entre dois polos: cooptação desses setores, constituídos em atores políticos subalternos; ou repressão pura e simples.

11 A "Guerra da Água" em 2000, com o intuito de bloquear os projetos neoliberais de privatização da distribuição de água; a "Guerra do Gás" em 2003, com a intenção de nacionalizar a exploração de gás natural, bem como bloquear sua exportação para os Estados Unidos por meio de um gasoduto que passaria pelo Chile (que o privou de sua saída para o mar na Guerra do Pacífico no século XIX), causando a derrubada do Presidente Sánchez de Lozada; e a derrubada do Presidente Carlos Mesa em 2005, que relutava em levar adiante o processo de nacionalização do gás.

ção dessa alternativa contra-hegemônica. Isso se relacionaria à aproximação maior entre Estado e movimentos (com a mediação do MAS), e a uma maior relação de mão dupla (de cima para baixo, mas também de baixo para cima). No entanto, nessa relação mais dialógica, os movimentos preservariam boa parte de sua autonomia em relação ao Estado.

Finalmente, o Equador constituiria um caso curioso, na medida em que no período anterior à ascensão de Correa se constituiu um movimento contra-hegemônico indigenista (com algumas características semelhantes ao processo desencadeado na Bolívia), centralizado na Confederação de Nacionalidades Indígenas do Equador (Conaie). No entanto, por razões diversas entrou em crise antes de efetivamente se impor como alternativa de poder[12]. Enquanto isso, Correa chegou ao poder como tradutor dos anseios de um movimento opositor difuso e semiespontâneo, um amálgama de setores oriundos de diversas correntes de esquerda, de cidadãos independentes e de organizações e Ongs que lutavam por ética na política e contra a "partidocracia", muitos dos quais tomaram parte no movimento cidadão que forçou a renúncia de Lúcio Gutiérrez. Ou seja, um processo com algumas características semelhantes ao ocorrido na Venezuela. No Equador o novo Estado assume características verticalistas no diálogo com movimentos e setores mais pulverizados, enquanto o movimento social mais organizado lhe faz oposição aberta. Em suma, Correa foi

---

12 O movimento indígena chegou a estruturar a principal força de esquerda do país antes da chegada de Correa ao poder (e uma das forças derrotadas por ele em sua ascensão): o Movimento de Unidade Plurinacional Pachakutik – Novo País (Mupp-NP). As dificuldades do Mupp-NP, entre outros fatores, devem-se ao seu apoio ao golpe de 2000 contra o Presidente Jamil Mahuad, que pôs em questão a vocação democrática do partido. Em sua decadência deve ter pesado também o apoio em posição subalterna em 2002 à candidatura de Lúcio Gutiérrez e aos primeiros meses de seu governo, que assumiu uma política neoliberal em contradição ao que havia proposto em sua campanha. O partido logo se afastou do governo. No entanto, sua imagem de *outsider* (importante na ascensão de esquerdas em países que vivenciaram colapsos de suas instituições e sistemas partidários) certamente foi abalada.

> eleito como alternativa tanto à velha oligarquia quanto à nova direção popular, pelo que chega ao poder politicamente isolado. [...] A nova Constituição equatoriana é muito avançada, garante o reconhecimento de direitos indígenas e cria muitas formas de participação popular, mas o presidente está enfrentado [sic] com uma parte substantiva do movimento indígena na visão do desenvolvimento e da representação política. O avanço simbólico não se traduz até aqui em democratização para os de baixo devido a esta peculiar confrontação de projetos (OLVERA & CHAGUACEDA, 2010: 3).

Assim, quanto ao papel atual dos movimentos sociais, estes tendem a encontrar maior espaço para atuação no caso boliviano, ainda que por vezes com a intermediação do MAS. Mais uma vez seguindo a terminologia de Mirza (2006), aqui os movimentos sociais parecem ainda preservar razoáveis graus de autonomia (moderada ou mesmo radical em alguns casos) em relação ao Estado, com o qual negociam, realizam acordos, mas ao qual aparentam não se submeter – por vezes o contestam e provavelmente o influenciam. Quanto à Venezuela, a equação poderia se inverter, especialmente a partir de 2006, quando o Estado, além de promover a participação e a construção de movimentos sociais como fez desde o princípio do processo, passou a procurar centralizar a participação por meio dos CC, em relação direta com a presidência da República. Naquele país os movimentos sociais progressistas tenderiam a assumir assim posições de dependência ou no máximo de autonomia moderada em relação ao Estado. Por fim, no Equador a participação ainda permanece em estágios iniciais de regulamentação e implantação. No entanto, pelas características de Correa e sua base de apoio, poder-se-ia sugerir uma tendência de aproximação com a trajetória venezuelana. Nos três casos, o que se observa quanto ao tema da participação de setores sociais organizados poderia ser estendido à participação da cidadania em geral.

Trata-se até o momento apenas de tendências, bem como de uma questão de ênfase. Na Venezuela não há um domínio das reivindicações populares por parte da política estatal, mas sim uma (desigual) combinação dialética entre as iniciativas vindas "de cima" e as mobilizações "de baixo". Da mesma forma, na Bolívia não se desenvolveu um Estado dos movimentos sociais, mas apenas uma interação menos desequilibrada entre ambos, e maior protagonismo e direcionalidade a partir de baixo. Como essa tensão entre autonomia e subordinação popular será resolvida é uma questão em aberto. Se há uma combinação assimétrica entre a mobilização popular a partir de baixo e os incentivos a partir do poder, não se pode aferir a partir dela nenhuma conclusão acerca de uma pureza popular oposta aos vícios e manipulações estatais. Os processos refundadores são o resultado complexo de diversos fatores e correlações de forças, nos diferentes espaços sociais e entre distintos atores coletivos que interagem nesse processo. Em todos os setores há a intenção de alguns atores em aprofundar o processo contra o desejo de outros de congelá-lo, e seus papéis podem ser intercambiáveis.

No que tange à relação desses novos regimes com a democracia, sugiro que vão se constituindo esquemas basicamente democráticos com resultados dúbios, de alta intensidade em alguns aspectos e baixa em outros, na ordem inversa dos regimes aos quais esses processos de refundação vêm substituindo. Se um dado corpo teórico é escolhido para analisá-los, os resultados são alarmantes. Porém, se um corpo teórico distinto for esgrimido, é provável que as respostas sejam bem mais alvissareiras. Se a intenção aqui exposta é partir de uma construção teórica mais complexa e plural, só poderemos encontrar uma resposta mais matizada – que vai se afastar tanto das condenações apriorísticas quanto de um apoio carregado de *wishful thinking*. Quanto às variantes nacionais, a relação Estado/sociedade na Venezuela parece de natureza distinta ao da Bolívia. Como foi dito, no primeiro o Estado (e a liderança heroica materializada em Chávez) assume maior iniciativa desde o início do processo, aprofundando a participação em diversos níveis e aspectos, mas nem sempre transferindo capacidade decisória quanto ao desenho de políticas públicas nacionais. Já no segundo, o Estado reformulado parece mais permeável à pressão e participação da sociedade (organizada), e aqui a iniciativa parece ainda estar um pouco mais compartilhada. Já o caso equatoriano, pelas razões expostas anteriormente, constituiria um caso ainda em definição, mas por suas características tendencialmente próximo às formas de interação Estado/sociedade manifestadas na Venezuela.

No entanto, sugestões como essas deverão ser testadas empiricamente. Para isso caberá avaliar os projetos que vão se impondo nesses países, quais aspectos da democracia são criticados, rejeitados, fomentados nos processos transformadores, tanto por parte do Estado quanto dos movimentos políticos governantes e movimentos sociais que os apoiam. Caberá também avaliar as novas instituições e reformas levadas a cabo nos últimos anos no campo da representação, participação e deliberação direta. Finalmente, deverá ser observado com maior profundidade como se dão as relações entre Estado, sociedade organizada e cidadania difusa.

## Referências

ALCÁNTARA, M. (2008). "La escala de la izquierda – La ubicación ideológica de presidentes y partidos de izquierda en América Latina". *Nueva Sociedad*, n. 217.

BRINGEL, B. & ECHART, E. (2008). "Movimentos sociais e democracia: os dois lados das 'fronteiras'". *Caderno CRH*, vol. 21, n. 54.

CASTAÑEDA, J. (2006). "Latin America's left turn". *Foreign Affairs*, mai.-jun.

DAGNINO, E.; OLVERA, A.J. & PANFICHI, A. (orgs.) (2006). *A disputa pela construção democrática na América Latina*. São Paulo: Paz e Terra.

DOMINGUES, J.M. (2009). *A América Latina e a modernidade contemporânea*. Belo Horizonte: UFMG.

______ (2007). *Aproximações à América Latina*. Rio de Janeiro: Civilização Brasileira.

ELLNER, S. (2009). "Un modelo atractivo con fallas: los Consejos Comunales de Venezuela". *Rebelión*, 26/06.

FLORES, F.; CUNHA, C. & COELHO, A.L. (2010). "Participación ampliada y reforma del Estado: mecanismos constitucionales de democracia participativa en Bolivia, Ecuador y Venezuela". *Osal*, año XI, n. 27.

GARCÍA-GUADILLA, M.P. (2009). "La praxis de los Consejos Comunales – ¿Poder popular o instancia clientelar?" In: AYALA, M. & QUINTERO, P. (orgs.). *Diez años de revolución en Venezuela*: Historia, balance y perspectivas (1999-2009). Ituzaingó: Maipue.

GRAMSCI, A. (2002). *Cadernos do cárcere*. 6 vols. Rio de Janeiro: Civilização Brasileira.

MANEIRO, M. (2006). "Movimentos sociais e Estado: uma perspectiva relacional". In: DOMINGUES, J.M. & MANEIRO, M. (orgs.). *América Latina hoje*. Rio de Janeiro: Civilização Brasileira.

MIRES, F. (2008). "Socialismo nacional *versus* democracia social: una breve revisión histórica". *Nueva Sociedad*, n. 217.

MIRZA, C.A. (2006). *Movimientos sociales y sistemas políticos en América Latina*. Buenos Aires: Clacso.

OLVERA, A. & CHAGUACEDA, A. (2010). "¿Hay democracia participativa en los países del Alba?" *Envío*, n. 334.

PENFOLD, M. (2010). "La democracia subyugada: el hiperpresidencialismo venezolano". *Revista de Ciencia Política*, vol. 30, n. 1.

PERNASETTI, F. (2010). "Agendas de reforma e aprofundamento da democracia na América do Sul: um primeiro olhar sobre o Conselho de Participação Cidadã e Controle Social do Equador". *Observador On-line*, vol. 5, n. 7.

PETKOFF, T. (2005). *Dos izquierdas*. Caracas: Alfadil.

SANTOS, B.S. (2010). "Para una democracia de alta intensidad". *Ecuador Debate*, n. 80.

SANTOS, B.S. & AVRITZER, L. (2003). "Para ampliar o cânone democrático". In: SANTOS, B.S. (org.). *Democratizar a democracia*. Porto: Afrontamento.

WAGNER, P. (2004). *A sociology of modernity*. Londres/Nova York: Routledge.

WELP, Y. (2009). "El referéndum contra el *status quo* – Análisis de Ecuador, Venezuela, Perú y Bolivia". *Diálogos Latinoamericanos*, n. 16.

# 6

# Movimentos sociais e geração de novos direitos em tempos globais: o caso brasileiro

*Ilse Scherer-Warren*

No mundo globalizado contemporâneo alguns ideários têm permeado as demandas e lutas dos mais diversos movimentos sociais: a ampliação da democracia a partir da participação da sociedade civil organizada, o alargamento dos processos de inclusão social e de reconhecimento de diferenças socioculturais e a institucionalização dessas demandas em direitos humanos e da cidadania. Para desenvolvimento de aspectos dessas premissas, utilizaremos alguns resultados desenvolvidos na pesquisa "As múltiplas faces da exclusão social e a luta por direitos humanos"[1], realizada junto a fóruns da sociedade civil, redes interorganizacionais e redes de movimentos[2]. No presente capítulo será focada a relação entre as

1 Diversos resultados dessa pesquisa foram apresentados em seminários nacionais e internacionais, e um desenvolvimento mais completo do conjunto do trabalho encontra-se em Scherer-Warren, 2012 (no prelo). A pesquisa foi desenvolvida junto ao Núcleo de Pesquisa de Movimentos Sociais (NPMS/UFSC) e contou com o apoio do CNPq. Uma versão preliminar do presente texto foi apresentada na palestra ao Programa de Estudos Avançados do Emarf (Escola de Magistratura Regional Federal), Rio de Janeiro. 30/08/10.

2 *Fóruns e Redes da pesquisa* – Projeto Amfes (cf. SCHERER-WARREN, 2012, no prelo): Abong (Associação Brasileira de Ongs); AMB (Articulação das Mulheres Bra-

seguintes estratégias de *advocacy*[3] presentes em ações movimentalistas deste novo milênio na sociedade brasileira:

1) a relação entre a efetivação de direitos já considerados clássicos e a geração de novos direitos;

2) a atuação e o papel dos movimentos sociais e atores coletivos, especialmente através de suas redes, na demanda por direitos humanos;

3) a forma como essas redes enfrentam os conflitos e encaminham as respectivas lutas para a superação das desigualdades, o reconhecimento das diferenças, e participam da construção de uma nova plataforma de direitos humanos.

Partimos da premissa de que as maiores ou menores possibilidades de geração de novos direitos em uma sociedade estará relacionada à existência ou não de um Estado democrático de direito[4] que permita a sociedade civil se expressar com liberdade de voz, manifestar seus conflitos sociais e equacionar demandas materiais e simbólicas, através de movimentos sociais, grupos de pressão institucional e/ou de representantes na própria esfera estatal.

Há várias nomenclaturas referentes à historicidades dos diferentes tipos de direitos humanos, dentre essas a que se refere à existência de várias gerações de direitos, utilizadas por alguns movimentos, mas cuja tipologia carece de precisão. Isto porque:

---

sileiras); FBO (Fórum Brasil do Orçamento); FLC (Fórum Nacional do Lixo e Cidadania); FBES (Fórum Brasileiro de Economia Solidária); FNRA (Fórum Nacional de Reforma Agrária e Justiça no Campo); Fendh (Fórum de Entidades Nacionais de Direitos Humanos); FNMN (Fórum Nacional de Mulheres Negras); FNPETI (Fórum Nacional de Prevenção e Erradicação do Trabalho Infantil); FDDI (Fórum em Defesa dos Direitos Indígenas); Inter-redes (Inter-redes Direitos e Política); FSM (Fórum Social Mundial).

3 *Advocacy*, na literatura dos movimentos sociais, refere-se às ações de defesa e argumentação em favor de uma causa social ou de uma demanda para a efetivação ou criação de direitos humanos. Cf. Scherer-Warren, 2011: 69.

4 Os recentes conflitos em diversos territórios do cenário mundial indicam as diferenças entre Estado democrático X Estado autoritário no uso dos mecanismos de repressão e/ou violência física em relação às manifestações cidadãs organizadas.

Por um lado, não existe um consenso entre juristas, teóricos das ciências humanas e mesmo ativistas de como enquadrar as diferentes dimensões dos direitos humanos nessas várias gerações, cujo enquadramento pode variar de três a cinco ou mais gerações de direitos[5].

Por outro lado, em países como o Brasil, as lutas e reivindicações da sociedade civil organizada direciona-se a várias dimensões dos direitos, a partir dos **direitos civis** que ainda não são universais para o conjunto da população brasileira (apenas para mencionar alguns casos bastante graves, como a falta de registro civil, o tráfico de seres humanos etc.); até os **direitos políticos** (nem sempre observados, como nas constantes tentativas de criminalização de movimentos sociais, especialmente por parte da grande mídia e por alguns políticos, dentre outros); os **direitos socioeconômicos** (como na falta de garantias no mundo do trabalho, existência de trabalho escravo e infantil); **os direitos culturais** (como nas dificuldades de garantias contra casos de homofobia e de discriminação étnica, racial e outras): **os direitos ambientais, por qualidade de vida, pela segurança pessoal, coletiva e pela paz** e tantos outros, que ainda se apresentam de forma muito emergente no plano dos direitos humanos e de difícil aplicabilidade e que são objeto de constantes demandas por setores da sociedade civil.

Para fins de análise será utilizada, como referência de enquadramento, uma tipologia de direitos usada pelas próprias organizações da sociedade civil e pelos movimentos sociais, e que tem servido de guia para suas demandas, a saber: a Plataforma de Direitos Humanos, denominada Plataforma DhEsca (Direitos humanos econômicos, sociais, culturais e ambientais)[6] e o Plano

---

5 Cançado Trindade questiona a Tese de "Gerações de Direitos Humanos", de Norberto Bobbio [Disponível em http://www.dhnet.org.br/direitos/militantes/cancado trindade/cancado_bob.htm – Acesso em set./2011].

6 Mais informações sobre a Plataforma DhEsca Brasil podem ser encontradas em http://www.dhescabrasil.org.br

Nacional de Direitos Humanos, o qual expressa muitas das reivindicações da sociedade civil organizada e dos movimentos sociais[7].

É importante ressaltar a existência de um conflito intenso no campo dos direitos humanos no Brasil em relação aos caminhos e rumos para a geração de novos direitos, caracterizando interesses estratégicos e antagônicos de setores conservadores *versus* setores organizados da sociedade civil pró-mudanças. A sociedade civil, representada por Ongs, fóruns e redes interorganizacionais vinculadas aos movimentos sociais, tende a conceber os direitos humanos em sua integralidade, indivisibilidade e universalidade, conforme consta da Plataforma DhEsca. Entretanto, quando se entra no campo da política das diferenças, esses atores percebem que a universalidade deve ser reconceituada ou pelo menos não tratada abstratamente e sim através dos sentidos que vão sendo construídos nas interações da sociedade civil organizada. Nessa direção, o diplomata Lindgren Alves lembra a relevância das conferências mundiais no que diz respeito à inclusão da diversidade sociocultural no campo dos direitos humanos:

> Sem manipulações esdrúxulas, a Declaração dos Direitos Humanos precisa, sim, ser fortalecida, como o foi nas grandes conferências desta década, de Viena (sobre direitos humanos), Cairo (sobre população), Copenhague (sobre desenvolvimento social), Beijing (sobre a mulher) e Istambul (sobre assentamentos humanos)[8], naquilo que ela procura ser: um mínimo denominador comum para um universo cultural variado, um parâmetro bem preciso para o comportamento de todos, um critério de progresso para as contin-

---

7 O PNDH-3 foi estruturado nos seguintes eixos: Interação democrática entre Estado e sociedade civil; Desenvolvimento e direitos humanos; Universalizar direitos em um contexto de desigualdades; Segurança pública, acesso à justiça e combate à violência; Educação e cultura em direitos humanos; Direito à memória e à verdade. Maiores detalhes em Scherer-Warren, 2012 [no prelo].

8 Devemos acrescentar a Conferência Mundial contra Racismo, Discriminação Racial, Xenofobia e Intolerância Correlata (DURBAN, 2001).

gências desiguais de um mundo reconhecidamente injusto, um instrumento para a consecução dos demais objetivos societários sem que estes desconsiderem a dimensão humana[9].

Para perceber como os fóruns e redes tratam dessa aparente ambiguidade é que analisaremos separadamente os discursos sobre cada uma dessas dimensões dos direitos de cidadania, para posteriormente verificar os elos que os conectam, ou seja, se "a universalidade pode ser pensada a partir da diferença", conforme as palavras de uma entrevistada de nossa pesquisa (AMB).

No plano dos **direitos civis** as conotações, apreendidas na investigação, transitaram da necessidade de cumprimento de direitos humanos dos mais fundamentais (registro civil e outros documentos do cidadão, liberdades civis, direito de ir e vir). Nas palavras de sujeitos de fóruns e redes foram mencionados os seguintes fatos, dentre outros, como não contemplando os direitos civis das populações mais pobres ou discriminadas culturalmente:

- da população negra não ter acesso (ou ser barrada) a determinados prédios ou elevadores sociais, devido a discriminação racial (FNMN);

- controvérsias em torno de mudanças na maioridade penal, a qual penalizaria apenas os jovens mais carentes (FENDH);

- inclusão do direito de registro em estatísticas/formulários estatais (como do IBGE ou outros) que contemple as identidades étnicas e de opção sexual (AMB);

- a criação de um novo direito relacionado à expectativa de vida e de uma economia onde a pessoa seja o centro e não tratada como mercadoria (FBES).

---

9 Cf. ALVES, J.A.L. *A Declaração dos Direitos Humanos na Pós-modernidade* [Disponível em http://www.dhnet.org.br/direitos/militantes/lindgrenalves/lindgren_100.html – Acesso em set./2011]. Vide do mesmo autor: "A agenda social da ONU contra a desrazão 'pós-moderna'". *Revista Brasileira de Ciências Sociais*, n. 30, ano 11, fev./1996. São Paulo: Anpocs.

Quanto às controvérsias sobre a universalidade no plano dos direitos civis, registrou-se a sua não efetivação junto às amplas camadas de populações excluídas, como no trabalho escravo, no tráfico de seres humanos, e pela prática da tutela dos índios, mesmo quando essas práticas já sejam consideradas ilegais.

No plano dos **direitos socioeconômicos** além das referências às questões comuns e já históricas nas agendas dos movimentos sociais (acesso à terra, produção, alimentação, saúde, trabalho, renda mínima, desenvolvimento local sustentável etc.), foram mencionadas questões mais emergentes e que se impõem como necessidades humanas que demandam novos direitos:

- erradicação do trabalho infantil e "crianças no lixo nunca mais" (lema do FLC);

- um Estatuto para os Povos Indígenas e a legalização de terras quilombolas (FDDI);

- cotas para reparação socioeconômica e para deficientes e garantias para a desconcentração de renda nas periferias. Coloca-se aí a ideia de direito compensatório como medida de reparação das desigualdades (FNMN);

- necessidade de lincar desenvolvimento com democracia, através do controle da sociedade civil sobre os direitos econômicos e no respectivo monitoramento em relação ao papel do Estado na garantia a direitos econômicos e sociais e distribuição mais equitativa (FBO);

- necessidade de se lutar para mudanças na política macroeconômica, a fim de ter mais recursos para as políticas sociais e respectiva efetivação de direitos socioeconômicos. Nesse ponto defendem a necessidade de um Estado Social de Direito, o que não deixa de ser um grande desafio num país como o Brasil, que apresenta um dos maiores índices de desigualdade social na América Latina (cf. vários fóruns e redes).

Na fala desses atores transita-se, portanto, de demandas mais setorizadas até demandas mais amplas sobre as políticas macroeconômicas e sobre a constituição do Estado de Direito.

No plano dos **direitos políticos** foram evocadas as demandas clássicas do discurso dos movimentos sociais (participação direta dos movimentos sociais na formulação de políticas sociais e públicas, criação de novos mecanismos institucionais de participação para além dos constitucionais, além de maior participação da sociedade civil nas políticas públicas). Mas foi mencionada também a necessidade de geração de novos direitos, especialmente em espaços estratégicos da participação política e que têm excluído os mais carentes, como, por exemplo:

- o reconhecimento e inclusão de representação do "movimento de economia solidária" nos diversos espaços políticos, sendo que esse tipo de participação poderia representar "uma estratégia na radicalização de democracia, [já que] não é possível pensar a democracia se não se pensar na democratização da economia", conforme as palavras de um entrevistado (FBES);

- foram evocados direitos de participação política com respeito à diversidade social (cotas para a participação das mulheres, com subcotas para negras, em todos os espaços da democracia participativa e nos partidos políticos; autonomia na representação de indígenas na esfera pública e reconhecimento da legitimidade das representações indígenas – dos caciques – conforme já consta da Constituição brasileira, mas não é observado de fato) (FNMN, AMB, FDDI).

Mas também se reconheceu que para a efetivação plena de novos direitos é necessário um trabalho para uma democratização da participação a partir das bases, do cotidiano, e trabalho pedagógico sobre o que é política, ou conforme uma fala de um entrevistado: "as pessoas estão precisando ser preparadas para o exercício da cidadania, da representação [...]" (FNRA).

No plano dos **direitos culturais** é, naturalmente, onde aparece a maior demanda pela incorporação de novos direitos, uma vez que a cultura é habitualmente tratada como costume, tradição, mas não reconhecida no campo nato dos direitos de cidadania. Assim foi evocada a necessidade de uma formação para a cidadania que contemple o reconhecimento sobre a origem e diversidade cultural do povo brasileiro (índio, negro, branco, mulato, diversidades culturais regionais, linguísticas, da mística, da arte, da sabedoria popular etc.), e da necessidade de rever criticamente a ideologia cultural escravocrata e colonial. Nessa direção foi considerado como primordial para a incorporação de novos direitos o respeito aos seguintes aspectos:

- no campo da transversalidade de direitos sociais e culturais foi mencionado a necessidade de considerar a conexão entre território indígena e respeito a sua cultura, ou seja, para um entrevistado "reconhecer essa cultura significa demarcar as terras indígenas, pois se não tem território não tem como manter viva essa cultura" (FDDI);

- na questão da relação entre o desenvolvimento das culturas locais de povos tradicionais e a manutenção de relações de trabalho de solidariedade foi lembrado que "as trocas solidárias não são uma invenção moderna", sendo sua retomada na economia solidária o resgate ressignificado de trocas tradicionais da economia camponesa e que, portanto, isso deve ser considerado no desenvolvimento de novos direitos trabalhistas (FBES);

- enfim, foi lembrado o papel não só dos movimentos e da educação informal, mas também da educação formal e da escola na formação para o respeito e o reconhecimento das diversidades sociais e culturais e na preparação para a aceitação de valores e direitos emergentes, seja em relação a raça, etnia, origem social ou regional, gênero, geração, necessidades especiais ou outros (FNPETI).

Aqui, novamente, os atores das redes reconhecem a necessidade de um trabalho pedagógico para a defesa, geração e implementação de novos direitos, especialmente quando se trata de direitos culturais, que às vezes conflituam com valores tradicionais contraditórios com os ideários dos direitos humanos na contemporaneidade.

No plano dos **direitos ambientais e do patrimônio natural e histórico** foram apresentadas as demandas recorrentes, como a preservação das florestas, da biodiversidade, dos biomas, de um direito que proteja a produção material e cultural dos indígenas da biopirataria, de desenvolvimento ambiental sustentável, reafirmação da Carta da Terra, com a garantia da reforma agrária, o problema do agronegócio e expansão das fronteiras agrícolas em contraposição ao incentivo a uma agricultura familiar, a questão dos transgênicos X sementes crioulas, a defesa da água como patrimônio da humanidade e de um patamar aceitável de consumo de bens de acordo com as necessidades humanas. Sem dúvida, todas essas questões estão no patamar de uma nova geração de direitos, mas também foi reforçada a necessidade de uma atenção especial aos seguintes direitos difusos e coletivos, no sentido de:

- resolução de conflitos ambientais, entre o direito "das pessoas de hoje e de amanhã", como às vezes ocorre entre sem-terras ou indígenas *versus* ecologistas, e onde deveria se aplicar o "princípio do direito originário" para os povos indígenas (FDDI);

- considerar os direitos ambientais, no âmbito da plataforma DhEsca, a partir da observância do princípio da transversalidade dos direitos, isto é, que o desenvolvimento seja pensado como **socioambiental** sustentável, contemplando uma relação intrínseca entre os direitos sociais e culturais (Inter-redes);

- assegurar a criação de espaços arquitetônicos adequados para crianças, idosos, deficientes etc.; em iniciativas no âmbito de um desenvolvimento local, integral e sustentável (Abong);

- reafirmar o respeito às culturas tradicionais, quilombolas e indígenas, visando construir outras vias de desenvolvimento sustentável e de sustentabilidade dessas populações imersas em situações de imensas desigualdades socioeconômicas (FNMN; FDDI).

Apesar de a maioria das redes associativas e dos fóruns pesquisados serem temáticos, a interação em rede desses atores e organizações, por meio de mobilizações e de movimentos sociais de diversas identidades, permite que suas questões específicas sejam perpassadas por uma diversidade de olhares, o que algumas vezes produz estranhamento e conflitos de interesses ou valores, mas outras vezes contribui para o desenvolvimento de um ideário de **transversalidade dos direitos**, conectando demandas para a universalização de direitos no campo da igualdade com a demanda de direitos difusos e coletivos, caracterizando uma nova geração no campo dos direitos[10] que contemple a diversidade social e cultural dos múltiplos sujeitos de referência, incluindo-se os princípios do direito à diferença, da preservação de patrimônios ambientais e históricos e da garantia de bem-estar social e de qualidade de vida para os povos tradicionalmente subalternos em nossa sociedade.

A geração de direitos através da ação dos movimentos sociais normalmente não é direta, mas a partir de caminhos árduos de construção de uma história de conquista de novos direitos humanos e de cidadania. Essa história se constrói por meio da contribuição de múltiplos atores, dentre os quais poderemos encontrar redes de sujeitos e organizações e movimentos sociais, bem

---

10 Segundo Magalhães Filho (2002), os direitos de primeira geração correspondem aos direitos de liberdade; os direitos de segunda geração, aos direitos de igualdade; os direitos de terceira geração, aos direitos de fraternidade ou de solidariedade; os direitos de quarta geração, aos direitos à informação e à democracia.

como de múltiplos mediadores, oriundos de Ongs, intelectuais acadêmicos, representantes políticos, artistas e cidadãos simpatizantes com causas sociais geradoras de novos direitos humanos e de construção de uma cidadania mais plena.

Trata-se da atuação de um movimento em rede[11] que por meio da gestão em muitos espaços políticos e institucionais vai construindo plataformas, diretrizes, normas e regulamentos etc., os quais num percurso histórico mais duradouro podem vir a ser incorporados no rol dos direitos humanos, como no exemplo da incorporação de novas diretrizes curriculares vinculadas aos processos de ações afirmativas no ensino e de política de inclusão social num sentido mais amplo, de acordo com Abreu, Mattos e Dantas (2010: 15):

> A inclusão da história da África e dos afro-brasileiros nos currículos escolares está ancorada, sem dúvida, num projeto de afirmação do Brasil como uma sociedade multicultural e de reconhecimento do importante papel dos negros na formação da sociedade brasileira, em todos os aspectos, muito além da escravidão ou da submissão [...]. Mas é fato que essa afirmação e esse reconhecimento são frutos das ações dos movimentos negros que vão se fortalecendo à medida que ampliam suas conquistas.

Além disso, esses autores acrescentam que esses processos de construção da cidadania vão repercutir na construção do próprio trabalho intelectual se revitalizando e criando direitos e deveres no âmbito da produção intelectual, ou seja, "a crítica, os valores democráticos, o reconhecimento dos agentes sociais e o respeito ao pluralismo são imperativos fundamentais nesse momento em que se expande a profissão do historiador e emergem disputas pelo passado e demandas sociais por políticas, direitos e deveres de memória" (p. 36).

Novaes e Cara (2008: 120), acrescentam que esse é um processo de mão dupla, onde produção do conhecimento, política

11 Sobre esse conceito cf. Scherer-Warren, 2006.

institucional de reconhecimento e valores da sociedade civil em movimento se retroalimentam:

> A categoria "direitos humanos" tem funcionado como uma espécie de chave para a leitura utilizada para compreender eventos e processos históricos. Ao mesmo tempo, tem sido utilizada como instrumento para combater preconceitos, discriminações decorrentes de desigualdades sociais de diferentes tipos. Seu reconhecimento internacional – como chave de leitura e instrumento de ação – produz uma espécie de "esperanto" que permite apropriações culturais diversas.

Nessa direção que os autores concluem que esse é um pano de fundo para compreender por que a ideia do "jovem como sujeito de direitos", com suas demandas por "inclusão social" nos moldes do século XXI, pode ser traduzida como "lutas por direitos humanos" (p. 120).

Lindgren Alves (1994) acrescenta que:

> Existe um movimento real, concreto, histórico, amplo, quase universal de luta pelos direitos humanos, no mundo inteiro. É um movimento pluralista, polissêmico, variado, polêmico, divergente, mas é um movimento histórico concreto com uma linguagem, uma abrangência, uma articulação, uma organização que supera as fronteiras nacionais, tanto horizontalmente, através de redes, quanto verticalmente: do bairro às Nacões Unidas.

É esse movimento que tentamos ilustrar a partir das redes organizacionais e de movimentos sociais no Brasil na luta para a efetuação e conquista de direitos. Teremos, entretanto, de estar atentos para o papel da mediação do conhecimento nos processos de geração dos novos direitos.

Nessa direção, Boaventura Santos (2002) propõe uma nova forma de produção do conhecimento sensível aos novos rumos de uma história emancipatória que se move entre a leitura do presente e de um devir de possibilidades democráticas e de direitos da cidadania: "enquanto a sociologia das ausências se move no campo das experiências sociais, a sociologia das emergências move-se no campo das expectativas sociais. A ampliação simbólica operada pela sociologia das emergências consiste em identificar sinais, pistas ou traços de possibilidades futuras em tudo o que existe". Por sua vez, em nossa pesquisa buscamos identificar as pistas que fóruns e redes da sociedade civil apresentam para a superação da exclusão e para a construção da cidadania rumo a uma política de equidade e de geração de novos direitos. Apesar de que as pistas indicam que essa construção se encontra muitas vezes mais no plano discursivo e no ideário do que propriamente no plano programático ou de atividades dos fóruns e redes, as inovações no plano dos valores são fundamentais para os processos de mudança.

## Referências


ABREU, M.; MATTOS, H. & DANTAS, C.V. (2010). "Em torno do passado escravista: as ações afirmativas e os historiadores". *Antíteses*, vol. 3, n. 6, jul.-dez., p. 21-37 [Disponível em http: //www.uel.br/revistas/uel/index.php/antiteses – Acesso em ago./2010].

ALVES, L.J.A. (1996). "A agenda social da ONU contra a desrazão "'pós-moderna'". *Revista Brasileira de Ciências Sociais*, n. 30, ano 11, fev. São Paulo: Anpocs.

______ (1994). *Os direitos humanos como tema global*. São Paulo: Perspectiva.

MAGALHÃES FILHO, G.B. (2002). *Hermenêutica e unidade axiológica da Constituição*. 2. ed. Belo horizonte: Mandamentos.

NOVAES, R. & CARA, D. (2008). "Jovens como sujeitos de direitos: novas interrogações". In: RIFIOTES, T. & RODRIGUES,

T.H. (orgs.). *Educação em direitos humanos*: discursos críticos e temas contemporâneos, Florianópolis: UFSC.

SANTOS, B.S. (2002). "Para uma sociologia das ausências e uma sociologia das emergências". *Revista Crítica de Ciências Sociais*, n. 63, out., p. 237-280. Coimbra [Disponível em http://www.ces.uc.pt/bss/documentos/sociologia_das_ausencias.pdf – Acesso em ago./2010].

SCHERER-WARREN, I. (2012). *Redes emancipatórias*: nas lutas contra a exclusão e por direitos humanos [No prelo].

______ (2011). "Redes da sociedade civil: *advocacy* e incidências possíveis". In: MARTINHO, C. et al. *Vida em redes*: relacionamento e caminhos para uma nova sociedade. Barueri: Instituto C&A.

______ (2006). "Das mobilizações às redes de movimentos sociais". Revista *Sociedade e Estado*, vol. 21, n. 1, jan.-abr., p. 109-130. Brasília.

## 7

# Movimentos sociais 2011: estamos frente a uma nova forma de fazer política?

*Céli Regina Jardim Pinto*

A história recente dos movimentos sociais e sua própria existência como construto teórico estiveram sempre associadas à sociedade civil e à esfera pública não oficial. Suas manifestações foram analisadas como reação ao político institucional, tanto nos regimes autoritários/totalitários como nos regimes democráticos. Nestas manifestações houve sempre um padrão de tensão entre a sociedade civil e o Estado, onde a primeira tendeu fortemente a se apresentar como uma alternativa ao segundo. Mesmo sendo temerário englobar os últimos 50 anos em uma única classificação, comparando o que vem acontecendo em 2011 com a história dos movimentos há fortes indícios que estamos frente a um fenômeno com qualidades diferenciadas quando se examina as manifestações da Primavera Árabe, dos Indignados na Espanha e dos Estudantes no Chile. Usarei de forma bastante ampla a denominação de movimento sociais para denominar uma série de manifestações, embora fundamental, uma discussão mais acurada sobre o conceito foge do objetivo deste ensaio[1].

---

1 Para uma discussão aprofundada do conceito de movimento social cf.: Arato e Cohn, 1994; Gohn, 1997; 2008; Melucci, 2001.

O presente ensaio tem um caráter exploratório e, por questões de espaço, e principalmente pela possibilidade de acesso a dados, trabalhará unicamente com os movimentos da Espanha e do Chile. Está dividido em dois momentos: no primeiro farei um recorrido na história recente das tendências dos movimentos sociais examinando as seguintes trajetórias: privado/pública; privado pública/privado; privado público/político (incorporação); privado público/político (enfrentamento).

No segundo momento caracterizarei os movimentos da Espanha e do Chile para evidenciar as novidades que trazem que permitem levantar a hipótese de que muito provavelmente estamos frente a uma nova forma de fazer política.

## Um breve recorrido

Tomando o mundo ocidental pós-guerra, a primeira característica no que concerne a relação da sociedade civil com o espaço público foi de retraimento. A redemocratização do pós-nazifascismo não trouxe a sociedade para a rua, mas, ao contrário, a levou para o privado, para a casa, para a dedicação ao trabalho, à família. Tanto o capitalismo liberal norte-americano como as social-democracias europeias foram desmobilizadoras, quer pela afluência da economia americana e sua ideologia do *self-made*, quer pela acomodação que o Estado de Bem-estar ensejou nos países da Europa Ocidental.

A década de 1960 experimentou uma forte reação a este mundo quase idealizado desenhado pelos vencedores da Segunda Guerra. A reação apareceu entre os jovens americanos e, posteriormente, entre os jovens europeus, para se espalhar pelo mundo ocidental no final dos anos de 1960. Esta é a primeira vez no pós-guerra que indivíduos saem do privado para se manifestarem como grupos na esfera pública. A primeira destas manifestações com forte impacto foi o movimento *hippie* nos Estados Unidos[2]. Contrariando o *american way of life* os *hippies*, pregavam uma vida longe do consumismo, do individualismo e da moral vigentes. Viviam em comunidades, propunham novas formas de relações afetivas, pregavam o "amor livre" como sinônimo de vida sexual fora do casamento e se colocavam contra a nova guerra que os americanos estavam envolvidos – a Guerra do Vietnã – com o *slogan* "Faça amor, não faça guerra". Apesar de ter sido um movimento radicalmente anti-*status quo*, não se apresentava como um movimento político com propostas alternativas, mas de contestação a uma forma de vida: isolavam-se da sociedade em comunidades, desprezando a vida dos americanos e criando uma cultura própria.

O movimento pacifista contra a Guerra do Vietnã extrapolou em muito os limites das comunidades *hippies* nos Estados Unidos, ocupou um amplo espaço público e construiu uma opinião pública. Mas estas manifestações contra a guerra também estavam longe de terem um cunho político ideológico ou de colocar em xeque o pacto político institucional norte-americano. A questão pacifista estava estreitamente ligada à morte dos jovens na guerra e a questões de ordem filosófica e moral sobre a paz.

Diferente do movimento *hippie* e do próprio movimento pacifista norte-americano o movimento estudantil francês de maio de 1968 teve um cunho político ideológico muito marcado. Partindo de uma revolta contra as formas arcaicas da universidade francesa, desafiou o poder *gaulista*, foi para rua e enfrentou a polícia. Estava fortemente ligado a grupos e a partidos da esquerda marxista, simpatizava com o maoismo e pretendia ser a liderança de uma aliança operária estudantil. Sem nenhuma das facilidades tecnológicas do mundo atual, o movimento de 1968 espalhou-se pelo mundo provocando ocupações de universidades e mani-

2 Antes já havia nos Estados Unidos os *beatniks*, antecessores dos *hippies*, mas que não alcançaram a dimensão social destes.

festações na rua nos países europeus, nos Estados Unidos e na América Latina. Mesmo no Brasil, onde se vivia em pleno regime militar, as manifestações estudantis foram fortes e provocaram violentas reações do governo. Em síntese, a década de 1960 caracterizou-se pela contestação, o mundo ocidental saiu diferente dela, e isto se deveu em grande parte ao movimento de opinião provocado por essas manifestações. Todavia, as novidades se expressavam no comportamento, nas formas de vida, no exercício da sexualidade. A política foi apenas bordejada com os movimentos pacifistas e, apesar dos enfrentamentos dos estudantes franceses, nada mudou significativamente na política europeia.

As últimas três décadas do século XX viveram a grande virada em termos de presença da sociedade civil no espaço público, o que provocou reflexões teórica e política, esta última percorrendo todo o espectro político: a esquerda viu na sociedade civil a possibilidade da radicalização da democracia direta; a direita, a substituta virtuosa do Estado entendido como ineficaz e corrupto.

Há três cenários distintos neste contexto. O primeiro deles é o da mobilização da sociedade civil nos países do Leste Europeu, o que levou Arato e Cohen a definirem os eventos como o reviver da sociedade civil (ARATO & COHEN; 1994: 29-82). Polônia, Hungria e Alemanha Oriental foram países em que a sociedade civil teve grande protagonismo na crise e posterior queda dos regimes comunistas associados à então União Soviética. Com os espaços políticos fechados por regimes de corte totalitários, a oposição veio de fora. O êxito destas ações reforçou a ideologia de que a época dos Estados fortes estava fadada ao desaparecimento. A euforia com a sociedade civil, no entanto, não foi correspondida, pelo menos nos países europeus após a redemocratização. Arato analisando o caso húngaro é bastante feliz em explicar o desaparecimento da sociedade civil do cenário: "A diferenciação das novas organizações políticas significa também que elites e militantes caíram fora das organizações civis e entraram novos partidos, promovendo, desta forma, a implosão de muitos dos movimentos que previamente ocuparam o centro do palco" (ARATO, 2000: 67).

A sociedade civil mobilizada e que ocupou os espaços públicos durante o período de pressão contra os governos não se mostrou autônoma para manter-se como força após a redemocratização e é interessante que isto tenha acontecido em países tão diferenciados como Hungria e África do Sul[3].

O segundo cenário começa a se desenvolver ao longo da década de 1970, tem seu pico nos anos de 1980 e 1990, estendendo-se até os dias atuais. Trata-se da centralidade que tomou a sociedade civil no âmbito da ideologia neoliberal do estado mínimo que pregou a privatização dos serviços públicos através da transferência de responsabilidade do Estado para a sociedade civil, quer sob forma de Ongs, quer sob forma de Terceiro Setor ou para a iniciativa privada mais tradicional. Expandiu-se a crença de que estes eram mais ágeis, menos burocratizados do que os serviços providos pelo Estado. É um momento de despolitização da política, no qual a sociedade civil aparece não como ator no espaço público que enfrenta governos, mas como um colaborador. Parece que aqui também a sociedade mostrou seus limites de atuação (YOUNG, 2000: 185), para tomar o lugar do Estado e de exemplo de trato honesto com os recursos públicos.

O terceiro cenário é o dos movimentos sociais que cresceram com grande força a partir de meados da década de 1970. Entre eles os movimentos feminista, negro, indígena, os movimentos populares originários de condições sociais de marginalidade, como dos sem-teto, de trabalhos precários, dos catadores de lixo, dos moradores de regiões de risco, entre outros. No que pese a imensa variedade desses movimentos, quanto às demandas, às subjetificações de seus componentes, à presença ou não da

3 Para o caso da África do Sul cf. Sakhela Bulungu. O reinventar da democracia na África do Sul. In: Santos, 2002.

questão indenitária, todos dividem uma mesma condição apesar de não se reduzirem a ela: demandam do Estado. O espaço que ocupam, a opinião que buscam formar é no sentido de angariar apoio para suas causas, transformar as suas causas em causas da sociedade. Alguns desses movimentos têm tido razoável êxito em suas demandas. O movimento feminista no Brasil, por exemplo, nas últimas décadas teve uma trajetória bastante interessante de acompanhar. Ultrapassando o regime militar e o preconceito no país, tanto da sociedade conservadora como das esquerdas, o movimento conseguiu ter um protagonismo importante na Constituinte de 1988, garantindo direitos fundamentais para a mulher; esteve presente no planejamento de políticas da saúde da mulher levadas a efeito pelo Ministério da Saúde; conseguiu espalhar conselhos e secretarias da mulher por todo o país; foi ator central das conferências nacionais; no governo federal conquistou uma secretaria especial com *status* de ministério.

Este terceiro grupo de movimentos com maior ou menor sucesso fez uma trajetória bastante distinta das anteriores movimentações da sociedade civil, pois partiu da sociedade civil, ocupou espaços públicos, manifestou-se independente do Estado, demandou, e eventualmente, no caso dos movimentos feminista e negro, tornou-se inclusive parte do Estado. Sua chegada à política não foi como substituto (caso do Terceiro Setor e das Ongs) ou como oposição que se esvai com a queda do regime, como no Leste Europeu, mas como agente público, conformando uma complexa relação dentro/fora.

Evidentemente que, nestas poucas páginas, muitas manifestações da sociedade civil no espaço público do mundo ocidental ficou de fora. Minha intenção foi tão somente mapear as principais tendências no que concerne à relação entre a sociedade civil e seus movimentos sociais com o político em geral e a política institucional. Nas páginas seguintes buscarei caracterizar as novidades que os movimentos de 2011 apresentam e que me permitiram levantar a hipótese de que estamos frente a uma nova forma de fazer política.

## 2011: Espanha e Chile

Não são somente estes dois países que têm vivido ao longo do ano de 2011 grandes manifestações populares organizadas pela sociedade civil, tendo como principal característica um claro enfrentamento com os pactos político-institucionais vigentes. A chamada Primavera Árabe talvez tenha sido o mais importante destes movimentos, e ao mesmo tempo o mais complexo e de difícil análise, tanto pelas dificuldades de fontes como pelo grande número de facções, pelo aspecto religioso, pelos interesses internacionais, que envolvem. Mesmo assim, não estaríamos muito longe da verdade se afirmássemos que a Primavera Árabe tem muitas interfaces com os movimentos da Espanha e do Chile, mas neste ensaio não me ocuparei destes possíveis pontos de encontro.

Nas próximas páginas levantarei cinco novidades que penso caracterizam estes movimentos. Algumas delas já apareceram em outros movimentos, mas o que estou querendo chamar a atenção é para a maneira que estas novidades se articulam. A primeira, e talvez mais importante novidade, é a postura dos movimentos em relação à sociedade e ao Estado.

O Movimento dos Indignados na Espanha, também chamado M-15 em referência à data da primeira grande manifestação ocorrida em praças públicas (15 de maio), foi organizado por um grupo chamado de "Democraciarealya". Nos meses que se seguiram tomou fôlego, espalhando-se por todas as grandes cidades espanholas, ocupando praças e nelas permanecendo por muitos dias e muitas vezes enfrentando uma violenta repressão policial. O manifesto inicial colocou de forma muito clara os objetivos dos Indignados, cuja questão mais premente é o alto nível de desemprego no país, principalmente entre a população jovem. Os dados informam que o desemprego na Espanha atingiu em julho de

2001 21,2%, chegando aos 46,2% entre os jovens (Disponível em www.sol.sapo.pt – Acesso em 19/09/11).

O movimento se alastrou pela Europa e se espera uma grande manifestação dia 15 de outubro[4]. O manifesto inicial é longo, mas um parágrafo é especialmente esclarecedor do tipo de enfrentamento que o movimento propõe:

> A democracia parte do povo (*demos* = povo; *cracia* = governo), assim que o governo deve ser do povo. Entretanto, neste país a maior parte da classe política nem sequer nos escuta. Suas funções deveriam ser de levar nossas vozes às instituições, facilitando a participação política cidadã mediante canais diretos e procurando o maior benefício para o grosso da sociedade, não o de enriquecer-se às nossas custas, atendendo somente aos interesses dos grandes poderes econômicos e aferrando-se ao poder através de uma ditadura partidocrática encabeçada pelas siglas inamovíveis do PPSOE (Disponível em www.democraciarealya.es – Acesso em 19/07/11 – Tradução minha).

O movimento chileno, por sua vez, tem uma questão inicial bem específica: o endividamento dos alunos das universidades pública e privada, ambas pagas no país. É contra a mercantilização da educação que os estudantes se organizam a partir da convocação da Confederação dos Estudantes do Chile e logo tiveram o apoio do Colégio dos Reitores, dos estudantes do ensino médio e dos docentes. Têm acontecido a partir de maio muitas marchas nas principais cidades do país. Frente às manifestações o governo reage ora com violência ora com propostas de diminuir os juros, mas os estudantes rechaçam as propostas, reafirmando a necessidade de uma mudança geral na educação, com uma universidade gratuita.

No manifesto de um dos grupos que participam do movimento fica bastante clara a posição dos estudantes:

4 Este texto foi entregue para publicação em 30/09/11.

> Sabemos que a verdadeira democracia no Chile representa um sonho não realizado. Não cremos em uma democracia individualista, e sim em uma que se funde no coletivo. Assim, impulsionamos uma universidade aberta para todos – e não só para as elites que concentram o poder – uma universidade capaz de dar ao país espaços de liberdade para criar ideais e oportunidades e para construir um mundo e um futuro democrático (Disponível em www.niuniversitaria.wordpress.com – Acesso em 19/07/11 – Tradução minha).

Os dois extratos revelam com muita propriedade a novidade desses movimentos e a sintonia com as discussões mais comprometidas com a chamada democratização da democracia, presentes no discurso político da esquerda e discutida no interior do debate teórico sobre democracia. A radicalização da democracia tomou o lugar das utopias de tipo socialista na militância política, e tal característica aparece com muita clareza nas manifestações de ambos movimentos, onde se pode perceber a forte crítica a uma democracia que não se realiza devido a uma elite política que se reproduz à custa da concentração de poderes políticos e econômicos. Não se está mais à frente de movimentos sociais que apelam à sociedade civil, que se colocam como apolíticos e não ideológicos. O enfrentamento ocorre com os governos, com os partidos e com a própria estrutura de uma democracia de elite.

Estes movimentos não são a ponta de *icebergs* e isto é um diferencial que deve ser levado em consideração, atrás deles não têm grandes organizações político-partidárias, ou grandes movimentos sociais ou Ongs. São diferenciados, por exemplo, de movimentos como o Fórum Social Mundial, principalmente em suas primeiras edições em Porto Alegre; ou das manifestações de Seatle e Gênova que apresentavam uma configuração nova, mas eram convocados por grandes organizações internacionais, na maioria das vezes com sede nos países mais desenvolvidos do Hemisfério Norte. Não se trata de caracterizar os movimentos da Espanha e do Chile como manifestações espontaneístas, mas sim de enfatizar a condição de movimentos que se constroem no mesmo momento que se expressam.

A segunda novidade é a presença da internet e do celular, não apenas como um instrumento de comunicação, mas como uma forma de organização. E neste particular o celular é o instrumento fundamental, não por sua qualidade de conter a internet, mas pela possibilidade de uma comunicação imediata, que permite uma grande mobilidade e capacidade de ocupação de espaços. Conseguir mobilizar uma grande quantidade de pessoas em minutos, porque estão despejando de um apartamento alugado uma ou duas pessoas muito debilitadas, só é possível através do celular. E isto aconteceu em Madri.

Além da questão estratégica do celular, a internet possibilita uma nova dinâmica em dois vetores diferentes, que eu chamaria de horizontal e vertical. No primeiro há a manifestação de todos, o que transforma o movimento em algo muito aberto e acessível: há blogs, twitter, facebooks, msn. Isto possibilita que enquanto o movimento se realiza vá ganhando apoios de pessoas que não estavam inicialmente envolvidas. Verticalmente a internet possibilita a organização em redes que começam em quadras, passam por bairros, zonais, cidades, até grande centros. No caso da Espanha o movimento tem um alcance nacional, concentrando as grandes manifestações em Barcelona e Madri.

A quarta novidade importante é que são movimentos liderados por jovens, que tenderam nas últimas décadas estarem bastante afastados da política. A presença da juventude como liderança desses movimentos faz lembrar os acontecimentos da década de 1960. No Chile a grande liderança é Camila Vallejo, de 23 anos, estudante de Geografia da Universidade do Chile, militante do Partido Comunista e atual presidente da Federação de Estudantes da Universidade do Chile (FECh). Junto a ela encontra-se um grande número de estudantes universitários.

Também na Espanha a presença de jovens é muito grande, em que pese não ser um movimento ligado à educação, como no caso chileno. Sendo os jovens a grande massa de desempregados no país, a organização da Democraciarealya é bastante pautada por esta questão. Na apresentação do blog lê-se: "Nosotros los desempleados, los mal remunerados, los subcontratados, los precarios, los jóvenes [...] queremos un cambio y un futuro digno".

A quarta novidade é a relação dos movimentos com os espaços públicos. Há uma apropriação muito original dos espaços públicos que se tornam esferas públicas, no sentido de espaços de formação de opinião. Ambos não são movimentos acabados que tomam a decisão de saírem às ruas para se fazerem conhecidos, para divulgar suas causas, mas se apropriam da geografia das cidades, transformando praças e calçadas em lugares de discussão e de construção de discursos e do próprio movimento. O movimento espanhol tomou as praças das principais cidades do país a partir do dia 15 de maio. Reportagem em *El País* mostra com clareza como começou esta ocupação.

> Sentado ou de pé, formando um grande círculo na Puerta de Sol. Umas mil pessoas participaram ontem pela noite de uma assembleia do Movimento Democracia Real Ya! A plataforma cidadã convocada através das redes sociais que no domingo reuniu milhares de pessoas em mais de 50 cidades espanholas. Em Madri, a manifestação de domingo acabou derivando em um acampamento reivindicativo no centro nevrálgico da cidade, o que requer sua dose de organização. E nestas se tiraram ontem todo o dia em tratar de coordenar a um montão de pessoas unidas por uma indignação, mas que até poucas horas sequer se conheciam.

Na mesma reportagem o jornal entrevista um participante na manhã posterior à manifestação de 15 de maio na Plaza del Sol:

> "Eu me inteirei quando cheguei em casa de volta da manifestação!", explica Juan Cabo, um fotógrafo de 26 anos que é porta-voz de movimento em turnos. "Quando cheguei a casa vi no Facebook que as pessoas estavam ficando para dormir em Sol, e pela manhã vim ver o que se passava. A princípio éramos poucos, mas durante todo o dia não deixou de chegar gente", explica. "Organizamos três assembleias para ver como nos distribuímos. Às 10h éramos pouquinhos, às 16h, muitos. E agora já estás vendo" (Disponível em http: //www.elpais.com/global/ – Acesso em 17/05/11 – Tradução minha).

No Chile não foi diferente. Os estudantes organizaram uma maratona ao redor do Palácio de La Moneda, que deveria durar 75 dias sem interrupção. Sempre deveria haver pelo menos uma pessoa correndo com bandeiras levando as reivindicações dos estudantes. Ao final, assim falou um dos organizadores: "Foram 75 dias que a princípio não se tinha esse sentimento de que se poderia alcançar e também se sente alegria porque chegamos a 1.800 horas, dois meses e meio depois, não muita gente pensou que se poderia conseguir" (Disponível em http: //www.elespectador.com – Acesso em 27/0811 – Tradução minha).

A grande visibilidade dos movimentos que se desenvolveram nas ruas e nas praças colaborou para a quinta novidade que eles apresentam: uma capacidade agregadora de diferentes segmentos e um alastramento da própria luta. Ao contrário do que aconteceu muitas vezes em décadas anteriores os movimentos, mesmo quando foram para as ruas, mantiveram um caráter muito corporativo, distanciando-se muito de outros segmentos da população. No caso dos movimentos em tela isto não aconteceu.

Os movimentos da Espanha e do Chile fazem, cada um, trajetórias particulares em sua relação com os demais segmentos das sociedades espanhola e chilena. Na Espanha o movimento parte de grandes questões para se organizar e ganhar mais adeptos trabalhando com questões específicas, como já foi citado, despejo de inquilinos. O texto da convocatória para uma manifestação nas ruas em 19 de setembro é um bom exemplo da dimensão que o discurso tomou:

> No próximo 18 de setembro a cidadania está novamente chamada a tomar PACIFICAMENTE as ruas de suas localidades com o lema "O 18 defende o público" para pedir os serviços públicos de qualidade e protestar contra os recortes sociais e tudo o que traz neste sentido a última reforma constitucional.
>
> O objetivo é protestar contra os cortes, as privatizações, os acordos e a terceirização com fins lucrativos dos serviços sociais, educação e cultura, meio ambiente, justiça etc. que já estão afetando a cidadania em geral. Este processo de cortes e privatização, que sofremos diariamente, é muito possível que siga seu curso e nos próximos meses se faça mais evidente. Temos de fazer ouvir nossas vozes (Disponível em http://www.democraciarealya - Acesso em 15/09/11 - Tradução minha).

Portanto, o movimento está acompanhando muito de perto as políticas do governo espanhol neste momento em resposta à crise que se alastrou pela Europa no primeiro semestre. No Chile o movimento seguiu caminho inverso, surgiu como um movimento estudantil contra os altos juros pagos pelos estudantes nas universidades públicas e privadas e logo recebeu o apoio dos reitores, dos docentes e de estudantes do ensino médio, mas o "Manifesto pela Educação" da Federación Estudiantes Universidad de Chile mostra como as lutas estudantis articulam questões gerais da política chilena:

> As atuais mobilizações estudantis, entendidas como uma das principais mobilizações sociais da história recente de nosso país, não só têm revelado a crise do sistema educacional chileno a partir de demandas econômicas e democrática, mas que em conjunto com outras organizações e grêmios têm questionado o sistema político, econômico, social

> e cultural imposto e vigente até hoje; alcançando instalar na consciência do povo chileno reivindicações políticas e históricas que têm permitido levantar-se como voz de protesto, marcando o início de um novo período de lutas que desde o campo popular enfrentará (Disponível em http://infoderechouchile.blogspot.com – Acesso em 15/09/11).

Por todas estas características estes movimentos têm tido uma surpreendente capacidade de manterem-se vivos, com atividades públicas, com chamadas para marchas e manifestações e com um crescimento de demandas e de apoios. O movimento espanhol, que teve sua primeira manifestação dia 15 de maio de 2011, está chamando uma grande manifestação para o dia 15 de outubro. Com o nome de "Toma la calle" o protesto pretende expandir-se para fora das fronteiras espanholas. Sua palavra de ordem é: "Europa para los ciudadanos y no para los mercados: No somos mercancía en manos de políticos y banqueros".

O mesmo ocorre com a organização estudantil chilena, que realizou a sua primeira marcha pública em 28/04/11 e que se mantém até meados de setembro com apoio popular e demandas ao governo. Em entrevista concedida dia 1º de setembro, a mais popular líder do movimento, Camila Valleja, dá um panorama do apoio que os estudantes têm angariado:

> Para o movimento é extremamente reconfortante ver todas as numerosas expressões de apoio e respaldo internacional. Não esperávamos, no princípio, que esta luta fosse ultrapassar as fronteiras do país. Na realidade, neste movimento aconteceram muitas coisas que foram históricas, e isso, junto com a convicção de que nossas demandas são necessárias para o país, permite-nos seguir somando forças dia após dia para continuar lutando.
>
> Da mesma maneira, tem sido importante que em muitos países vejam o que realmente ocorre aqui no Chile, que se distancia bastante da imagem de um modelo exitoso que se tem mostrado no exterior nos últimos anos. Este é um país

> com profundas desigualdades, onde temos uma das piores distribuições da riqueza, e este movimento evidenciou o descontentamento que existe entre os chilenos, que já estão cansados de endividar-se para estudar, de não ter acesso a uma educação de qualidade e tantos outros problemas, produto do modelo neoliberal que enfrentamos (Disponível em http://envolverde.com.br – Acesso em 15/09/11).

Em que pese a força desses movimentos, eles têm sofrido uma violenta repressão do aparato policial de ambos os países. Em Barcelona houve confrontos com feridos, em Santiago do Chile um estudante morreu vítima de um tiro disparado pelas forças policiais.

Apesar da repressão, esses movimentos conseguiram, por sua popularidade, pela adesão que obtiveram, pela abrangência de suas demandas, provocar reações dos governos, que não conseguiram apenas os deslegitimizar. Na Espanha a relação com o governo tem sido muito tensa e violenta, mesmo assim o governo não teve força para acabar com as manifestações que se estendem para outros países da Europa. O movimento coloca-se contra as políticas da comunidade europeia, define-se política e ideologicamente e atua a partir da tomada e/ou criação dos espaços públicos em contraposição à política institucional.

No Chile também o movimento representa algo novo na política. Apesar da violência policial, o governo tem buscado entrar em acordo com o movimento, propondo medidas que atenuem o endividamento estudantil, diminuindo assim a pressão. Nenhuma das propostas foi aceita, a resposta das lideranças é de que não querem mais dinheiro para pagar as universidades, querem não pagar mais.

Talvez seja cedo para afirmar que estamos frente a uma nova forma de fazer política, mas certamente os movimentos do ano de 2011 apresentam novidades importantes em relação aos movimentos sociais e às formas de luta política. Pela originalidade das mobilizações, pelo uso das novas tecnologias, pelo tempo que estão conseguindo manter a mobilização, pela juventude de suas lideranças e principalmente pela ocupação dos espaços públicos e transformação desses em espaços de construção de opinião pública. Muitas vezes na história recente dos movimentos sociais elas saíram às ruas em diversos países, mas a maneira como estes movimentos estão tomando a rua parece apontar para uma novidade na forma de se fazer política.

## Referências


ARATO, A. (2000). *Civil Society, Constitution and Legitimacy.* Lahan: Rowman & Littlefield.

ARATO, A. & COHEN, J. (1994). *Civil Society and Political Theory.* Cambridge: MIT Press.

BUHLUNGO, S. (2002). "O reinventar da democracia participativa na África do Sul". In: SANTOS, B.S. (org.). *Democratizar a democracia.* Rio de Janeiro: Civilização Brasileira.

GOHN, M.G. (2008). *Novas teorias dos movimentos sociais.* São Paulo: Loyola.

______ (1997). *Teoria dos movimentos sociais.* São Paulo: Loyola.

MELUCCI, A. (2001). *A invenção do presente* – Movimentos sociais nas sociedades complexas. Petrópolis: Vozes.

*Sites*

http://www.democraciarealya – Acesso em 15/09/11.

http://www.democraciarealya.es – Acesso em 19/07/11.

http://www.elespectador.com – Acesso em 27/08/11.

http://www.elpais.com/global/ – Acesso em 17/05/11.

http://www.envolverde.com.br – Acesso em 15/09/11.

http://www.infoderechouchile.blogspot.com – Acesso em 15/09/11.

http://www.niuniversitaria.wordpress.com – Acesso em 19/07/11.

http://www.sol.sapo.pt – Acesso em 19/09/11.

8

# Migrações e movimentos sociais: transnacionalismo, mobilidades e mobilizações

*Marta Carballo de la Riva*
*Enara Echart Muñoz*

## Introdução

As inter-relações entre as migrações e os movimentos sociais foram importantes ao longo da nossa história recente, desde a incidência do êxodo rural no surgimento dos movimentos operários na Europa até as migrações contemporâneas que, através de suas práticas, contribuem de diferentes maneiras à mobilização transnacional. Isso pode ser visto, por exemplo, a partir da criação de movimentos de trabalhadores migrantes ou da incorporação de suas demandas em movimentos sociais globais mais amplos. Sem menosprezar o interesse de analisar dinâmicas de outros momentos históricos, o presente texto tem como foco as migrações transnacionais atuais devido à sua importância na reconfiguração do social e do político, sua visibilidade e as especificidades que adquirem no contexto de globalização.

Em um mundo com 214 milhões de migrantes internacionais – 3,1% do total da população mundial (Nações Unidas, 2009) –, são especialmente relevantes as interconexões estabelecidas por estes entre diversos espaços. Ademais, visibilizam algumas das contradições mais flagrantes de uma globalização assimétrica (as desigualdades internacionais, a precariedade e flexibilidade do mercado de trabalho, a manutenção de fortes fronteiras físicas em tempos de suposta liberalização, as violações dos direitos humanos, a exclusão, os discursos catastrofistas sobre o choque das culturas e sua tradução em práticas racistas etc.), contribuindo para a criação de marcos interpretativos que serão assumidos por uma grande variedade de movimentos sociais.

Este capítulo tem como objetivo analisar as interações entre as migrações e os movimentos sociais no cenário internacional, partindo do transnacionalismo como marco de análise dinâmico da criação de redes, de identidades, de práticas e de marcos interpretativos. Embora o transnacionalismo tenha se convertido em um dos paradigmas mais aplicados ao estudo de dinâmicas "desde cima", centrado no estudo das empresas, corporações ou Estados, nos alinhamos aqui com aqueles aportes do transnacionalismo "desde baixo", ou seja, aquele construído pelos migrantes, pelos movimentos sociais ou organizações não governamentais (SMITH & GUARNIZO, 1998; PORTES, 1997). Com isso pretendemos mostrar a importância das migrações para os movimentos sociais hoje, com a configuração de novos campos de ação que se retroalimentam, que vão do local ao global de forma dinâmica, transformando as identidades, as práticas sociais e as formas de ação coletiva.

## 1) Migrações e movimentos sociais: encontros nas redes e nos espaços transnacionais

Nem as migrações internacionais nem sua vinculação com os movimentos sociais são, em rigor, algo novo. A migração de seres humanos foi e é uma constante na história da humanidade. A partir das primeiras migrações partindo da África ao resto do mundo, foram desenvolvidas uma multiplicidade de movimentos migratórios, que adquiriram características próprias em função dos fenômenos históricos, sociais e políticos aos que estiveram associados (movimentos de população durante a colonização, tráfico de escravos e outras migrações forçadas, movimentos associados ao processo de industrialização etc.), com diferentes causas (conflitos armados, desastres naturais, causas ambientais, aumento da pobreza, diferenças entre lugares e regiões, falta de oportunidades etc.) e tipologias, desde migrações rurais – de caráter local – a migrações intrarregionais, transfronteiriças e internacionais. São estas últimas as que, durante os séculos XX e XXI, adquiriram especificidades que as convertem em uma questão prioritária em termos demográficos, sociais e políticos.

Além disso, as migrações e os movimentos sociais estiveram unidos de diferentes formas no decorrer da história. Se no século XIX as migrações rural-urbanas foram a base da gestação e consolidação da classe operária (e, consequentemente, dos movimentos operários), no século XX as conexões se diversificam, internacionalizam-se com maior força e adquirem um marcado caráter político: pensemos aqui nos casos dos militantes no exílio que levam em sua bagagem experiências de luta, incidindo na cultura política dos lugares de destino (caso de italianos e espanhóis na América Latina ou de muitos latino-americanos dentro e fora da região em tempos de ditaduras), no papel dos migrantes nos processos de descolonização africanos e asiáticos (onde muitos dos principais líderes haviam se formado no exterior) ou no paradigmático caso das brigadas de solidariedade política, que nascem justamente para apoiar e intercambiar experiências de luta.

Nesses processos os migrantes difundem práticas e ideologias, constroem e ampliam identidades, e criam redes e conexões entre diferentes espaços, avançando rumo a uma continuidade no vínculo entre mobilidades humanas e mobilizações sociais. Este vínculo é bastante tangível nos movimentos transnacionais migratórios e sociais de hoje devido aos paradoxos da globalização, os transportes e as novas tecnologias de informação e comunicação. Desse modo, face à visão das migrações como fluxos, imperante nas visões das agendas governamentais e internacionais que pretendem uma gestão ou controle das migrações, e onde as fronteiras territoriais levantam-se com força (caso das políticas europeias e norte-americanas, p. ex.), nos interessa destacar aqui as redes que conectam diversos lugares e pessoas, criando espaços plurilocais, comunidades e campos sociais transnacionais que perpassam ditas fronteiras.

Esse cenário levou a que os estudos migratórios evolucionassem e incorporassem novas variáveis de análise, superando modelos estáticos[1] e introduzindo as relações sociais como elemento central, com ênfase na constituição e dinâmica das redes migratórias[2]. A perspectiva transnacional amplia esta linha ao entender que a partir das migrações se ativam diversos processos de interação no âmbito cultural, social e econômico entre comunidades e instituições sociais, diferentes e separadas geograficamente. Dessa forma, os "espaços transnacionais", nos quais os migrantes atuam, conectam suas áreas de origem e destino, com interdependência entre ambas, ultrapassando as fronteiras geográficas, mas também aquelas de caráter político e cultural (GLICK SCHILLER; BASCH & BLANC, 1992). Conformar-se-iam espaços sociais pluri/multilocais, configurados a partir de redes conectadas, mediante as quais se promovem intercâmbios, se organizam e se transformam as ideias, as práticas e os recursos (cf. LEVITT & GLICK SCHILLER, 2004).

---

1 A partir de perspectivas micro (como o modelo *push and pull*, de STARK, 1991) e macro (como o enfoque histórico estrutural de PIORE, 1979), problemáticos para explicar as migrações em toda sua complexidade.

2 P. ex., via a teoria articulacionista (KEARNEY, 1986), que entende as migrações internacionais como uma estratégia do grupo doméstico dentro do contexto internacional (GREGORIO, 2004). Ademais, o estudo das redes migratórias inclui as relações entre os contextos de origem e destino, que organizam e dirigem a circulação de trabalho, capitais, bens, serviços, informação e ideologias entre ambos (MASSEY, 1998; FAIST, 2000).

Busca-se, desse modo, a superação da visão de uma sociedade delimitada territorialmente, do determinismo espacial, incorporando a ideia de *comunidades transnacionais*, que desafiam os conceitos clássicos de comunidade, pertencimento, residência e inclusive cidadania, na medida em que estas não são estáticas nem se encontram definidas dentro de um território. Ditas comunidades desenvolvem uma série de práticas transnacionais, com incidência de diversas formas nos processos políticos e sociais, tanto de seus lugares de origem como de destino, que podem dar lugar a processos de mobilização social. Por outra parte, este enfoque contribui para superar uma visão sedentária da história a fim de entender as interações atuais derivadas da crescente mobilidade (SHELLER & URRY, 2006), entendida como algo vivo que transgride o estático, os limites localizados e leituras rígidas do Estado-nação, deslocando o foco à ideia de conexão para integrar a mobilidade, a velocidade e a intensidade dos fluxos, bem como a simultaneidade da ausência e da presença, da residência e da viagem. De fato, tem mudado a própria concepção espaçotemporal da migração: os migrantes vivem, simultaneamente, aspectos de suas vidas que ocorrem em diferentes lugares (de origem, de destino e nos pontos que conectam ambos). Os estudos sobre as famílias transnacionais (PEDONE, 2004) ilustram bem esse processo, no qual a residência deixa de ser o único elemento que define ao migrante, na medida em que se incorpora e participa de um sistema de redes transnacionais que conectam, ao mesmo tempo, vários lugares de residência, articulando ausência e presença.

De forma paralela, os estudos sobre os movimentos sociais também vêm analisando esta dimensão transnacional, com diferentes focos, posições teórico-metodológicas e terminologias: aparecem aqui os "ativistas sem fronteiras" (KECK & SIKKINK, 1998), os movimentos sociais transnacionais e sua incidência nas políticas globais (SMITH; CHATFIELD & PARNUCCO, 1997), o "novo ativismo transnacional" (TARROW, 2005), entre muitos outros, entre os que se destacam nos estudos de casos sobre redes transnacionais (sejam antiglobalização, indígenas, feministas, camponesas, temáticas etc.). Na maioria desses estudos, entretanto, a dimensão estatal continua estando presente de forma bastante rígida. Smith (1997), por exemplo, parte da hipótese de que a formação de movimentos sociais transnacionais ocorre ao redor de questões para as quais a estrutura de oportunidade política nacional é relativamente fechada ou para as quais as soluções nacionais são inapropriadas. O âmbito internacional aparece aqui principalmente como alternativa ao nacional. Este mesmo livro está centrado na criação de redes para participar e incidir em espaços institucionais, no que Tarrow (2005) denomina *insiders*, deixando de lado a participação mais rupturista e contestatória, que leva à configuração de redes e espaços onde esses movimentos debatem suas próprias agendas, intercambiam práticas e elaboram campanhas e mobilizações transnacionais (cf. BRINGEL & ECHART, 2010).

No caso de Tarrow (2005), os movimentos sociais transnacionais continuam tendo uma forte vinculação com o estatal e o âmbito doméstico. As estruturas de oportunidades políticas se deslocam ao cenário internacional e os ativistas transnacionais são definidos pelo autor como "cosmopolitas enraizados": "pessoas e grupos que estão enraizados em contextos nacionais específicos, mas que se comprometem em atividades de confronto político e redes transnacionais de contatos e conflitos" (2005: 29). O autor insiste na dificuldade de criar movimentos transnacionais e de sustentar a ação coletiva nesses espaços, obviando que a conexão transnacional nem sempre implica uma viagem geográfica a um âmbito internacional onde os custos são maiores, podendo produzir-se, ainda que de forma menos visível, nos espaços locais e intermediários, e nas interconexões entre eles (p. ex., através de convocatórias de dias de ação global simultâneos em vários lugares, algo típico do movimento antiglobalização).

De qualquer forma, não há dúvidas sobre a importância desse salto de escala para muitos movimentos sociais territorializados. Porém, as interações entre escalas são processos construídos socialmente e, como assinala Bringel (2011a e 2012), além de um processo de "internacionalização" através de redes e dinâmicas transnacionais onde os movimentos compartilham recursos, agendas e fortalecem suas reivindicações, também ocorre um processo de "internalização" a partir da incidência dessas práticas e relações supranacionais nas esferas locais de socialização dos movimentos territorializados. De fato, nos espaços transnacionais, ativistas se encontram, trocam e difundem ideias, símbolos e práticas, aprendem, relacionam com novos repertórios, geram novos espaços de deliberação e participação, incidem na incorporação de determinadas demandas no debate e nas agendas internacionais, impulsionam iniciativas e campanhas internacionais e, com isso, ampliam seus olhares sobre as realidades em que atuam. Em suma, ocorre nesses espaços militantes algo similar ao que ocorre com os migrantes, quando se transformam a partir da retroalimentação entre lugar de origem e destino, adquirindo novas formas de entender o mundo, bem como de estar e atuar nele.

Outro ponto de contato entre migrações e movimentos sociais transnacionais deriva-se da possibilidade de perfilar ativistas, que, à diferença dos "cosmopolitas enraizados" nacionalmente, podem ser denominados como "ativistas diaspóricos" (CAIRO & BRINGEL, 2010; BRINGEL, 2011b). Estes ativistas, que crescem e se formam em comunidades transnacionais, podem, em função de seu ideário político e do uso das novas tecnologias, participar simultaneamente, alternando momentos de presença e ausência, na exigência de transparência democrática dos organismos internacionais, nas mobilizações dos "indignados", nas campanhas contra a corrupção no Brasil ou nas mobilizações contra os abusos do governo senegalês, sem que uma delimitação territorial e geográfica prevaleça sobre sua posição ideológica, sendo mais o espaço no qual esta pode se traduzir. Assim, a pergunta "de onde você é?" se des/reconfigura e, ainda que possa contribuir para localizar um ativista ou ação em determinado contexto, não é suficiente para entender muitas (e crescentes) realidades cruzadas que, independentemente do seu lugar de residência, estão imersas em campos sociais transnacionais diversos, inter-relacionados e inclusive simultâneos.

## 2) As identidades diaspóricas: a importância das rotas frente às raízes

Os estudos sobre o ativismo transnacional têm incidido na complexidade da construção identitária nesses processos e dinâmicas, alertando para as dificuldades no desenvolvimento de uma identidade coletiva comum entre pessoas e coletivos com diferentes bagagens culturais, trajetórias, interesses e demandas. Tarrow (2005) assinala que isso somente se conseguiria através de identidades coletivas "tolerantes", que permitam lidar com a heterogeneidade, unindo as diferenças sob um marco comum, como, de fato, foi feito pelo movimento antiglobalização, utilizando um marco multitemático no qual o denominador comum foi a oposição à globalização e suas consequências. Para Della Porta (apud TARROW, 2005: 135) esta união heterogênea leva a uma forma de organização própria, onde "as diferenças internas são a força motriz na busca de formas de participação que respeitem a subjetividade individual, evitando compromissos exclusivos e o controle vertical; as normas de consenso são privilegiadas em vez das normas da maioria; a participação direta é enfatizada em vez dos mecanismos representativos, enquanto os líderes se convertem em "porta-vozes" ou "facilitadores". Sem nos adentrarmos no debate sobre a importância desses marcos e formas horizontais de organização para uma ampla gama de movimentos sociais, convertidas quase em um sinal de identidade para muitos deles, novamente a intersecção entre migrações e movimentos sociais pode sugerir um olhar diferenciado para o debate.

Os ativistas diaspóricos surgem com uma identidade translocal e em movimento, diaspórica, que se constrói de forma dinâmica no contato com diferentes realidades dentro do campo social transnacional onde se articula. Desse modo, o processo de construção de identidade dos ativistas diaspóricos nem sempre está vinculado a um contexto nacional de partida, ou a uma militância prévia específica, surgindo como consequência das vivências e projetos políticos e sociais mais amplos. Muitos desses ativistas encontraram seu espaço no movimento antiglobalização ao qual se aderiram não através de militâncias prévias, mas por ser a resposta à sua própria expectativa e identidade transnacional, e ao seu próprio marco interpretativo de uma socialização e uma realidade que já consideram global. Assim como nas identidades diaspóricas, ditos ativistas "se movem entre dois ou mais mundos, com duas ou mais línguas, com múltiplas referências, pessoas que já não têm raízes, mas rotas. E nessas rotas vão se encontrando" (VIEITEZ & JABARDO, 2006: 183).

Poder-se-ia argumentar que, frente às identidades difusas ou tolerantes, encontramos então identidades diaspóricas, bifocais e translocais, derivadas de experiências vitais, migrantes e militantes. Ademais, a criação de marcos multitemáticos derivados dessas experiências não implica sua difuminação, mas sim uma resposta à crescente complexidade e interdependência das trajetórias atuais desses migrantes/ativistas. Os estudos migratórios incidiram muito na questão identitária e sua repercussão na vida dos migrantes. Por exemplo, no caso da bifocalidade (VERTOVEC, 2006), a condição de viver entre "dois mundos" (origem e destino) de maneira praticamente simultânea, termina modificando a vida quotidiana dos migrantes, já que esta incide neles e na realidade das pessoas e o espaço que lhes rodeiam (CABEZAS & CARBALLO, 2008).

A literatura também tem se interessado há muito tempo pelas dificuldades de assumir dita bifocalidade, como fica claro na personagem de Catarina de *A casa da água*, de Olinto (1969), dividida entre ser africana no Brasil e brasileira na África, ou nas palavras do protagonista senegalês da *Aventura ambígua*: "Não sou do país dos Diallobé face a um Ocidente diferente; e apreciando com a mente fria o que posso pegar de cada um, convertime em ambos. Não há uma cabeça lúcida entre dois termos de uma escolha. Há uma natureza estranha, angustiada por não ser as duas" (KANE, 1961). Parte dessa angústia encontra-se nas mobilizações dos jovens dos subúrbios de Paris em 2005 ou nas redes transnacionais de *Latin Kings* criadas por jovens "latinos" em diversas cidades do planeta. Jovens que não terminam de sentir-se parte do lugar em que vivem, mesmo que lá tenham nascido, mas que já não são do seu lugar de origem ou de seu país. Nesse complexo caminho buscam construir uma identidade onde aparecem e se mesclam símbolos de ambas.

Contudo, outras experiências também mostram a riqueza dessa bifocalidade, por exemplo, quando traduzida à arte (LE BOT, 2006). Ou como essas senegalesas que Rosander (2006) define como "viajantes permanentes" que aprendem a assumir a diferença a respeito aos demais nas sociedades receptoras, mas também nas de origem. Ou como Mariana, protagonista de *A casa da água*. Nesses casos, os migrantes podem contribuir não somente à difusão de práticas transculturais, mas também econômicas (com o exemplo paradigmático das remessas) e políticas, intercambiando experiências, criando associações de migrantes (como os galegos na América Latina ou os equatorianos nos Estados Unidos ou na Europa), e inclusive mobilizando em origem (o que pode levar a um incremento da cultura política e, em alguns casos, como aconteceu no Senegal, a mudanças do governo).

Em suma, a existência dessa identidade diaspórica oferece pistas interessantes para estudar a intersecção entre migrações e movimentos sociais, bem como por sua contribuição a uma inserção nos espaços transnacionais e porque desenvolvem práticas políticas com incidência nos contextos de origem e destino.

Ou também porque tencionam com o contexto de residência, levantando questões relevantes sobre a abertura ou restrição à mobilidade humana de acordo com a classe social, além do tema dos direitos sociais e humanos, aplicados também de forma diferenciada. Isto é o que, em boa medida, impulsiona mobilizações protagonizadas pelos próprios migrantes, exigindo mudanças em sua situação, mas também leva a que movimentos sociais mais amplos incorporem o tema das migrações dentro de suas agendas, como veremos a seguir.

### 3) Práticas e agendas: resistência a partir da resiliência

Muitas são as experiências de ações e interações migrações/movimentos sociais gestadas a partir das margens e da resiliência, contestando a situação existente e reivindicando direitos econômicos, sociais, culturais, políticos e civis (principalmente o direito ao trabalho, a uma vida digna, à educação, à participação, ao voto, e, em suma, o reconhecimento de uma "nova cidadania"), ao passo que denunciando políticas excludentes que criminalizam os migrantes. Algumas das mais conhecidas incluem a Campanha "Papéis para tod@s", na Europa, leva quase duas décadas proclamando que "nenhum ser humano é ilegal". Os protestos à "Diretiva da Vergonha" (aprovada em 2008, estabelecia medidas para o retorno voluntário, mas também a detenção e expulsão dos "sem-papéis"). E o movimento dos trabalhadores indocumentados nos Estados Unidos que, em 2006, saíram às ruas contra a "Lei HR-4.437 para a proteção fronteiriça, antiterrorismo e controle da imigração indocumentada", mostra a força de uns trabalhadores cuja situação *irregular*, ao não contar com a documentação necessária para exercer seu direito ao trabalho, convertem-se em *ilegais*. Por outro lado, as graves violações de direitos humanos também levaram a importantes protestos contra os "centros de internamento de estrangeiros" na Europa, mas também em países da África, onde a União Europeia externalizou suas fronteiras.

Este é o caso da Mauritânia, onde o denominado *guantanamito* recebeu denúncias de diferentes movimentos sociais e de organizações de defesa dos direitos humanos. Esta situação tem gerado, ademais, movimentos de solidariedade com os migrantes, como os acampamentos "No Border"[3], que na última década vêm reclamando o direito à mobilidade e denunciando a repressão e controles fronteiriços; ou as "brigadas de vizinhos" de observação dos direitos humanos, que reivindicam o fim dos controles racistas aos imigrantes nas ruas, articulando moradores de bairros que fazem rondas de observação por pontos críticos onde os imigrantes são habitualmente abordados pela polícia[4].

Além dessas lutas, que apesar de conectarem uma mesma reivindicação em diferentes lugares continuam muito centradas no âmbito nacional, os migrantes também se reúnem em espaços transnacionais onde intercambiam suas experiências e suas lutas. Vários são esses espaços de convergência militante: por exemplo, o Fórum Social Mundial (FSM) das migrações que, mais além do encontro em si, convoca mobilizações, ações e gera plataformas comuns de luta. O tema está presente não somente nos encontros temáticos e o FSM de Senegal em 2011 adotou uma Carta Mundial dos Migrantes, que defende que "somente uma grande aliança dos migrantes poderá promover o surgimento de novos direitos para toda pessoa, sem distinção de origem, cor, sexo ou crença". Para isso esta aliança de migrantes deverá se articular em torno a princípios éticos que permitam contribuir a elaborar uma nova concepção de territorialidade e do sistema de governança mundial atualmente vigente, e de seus fundamentos econômicos e ideológicos[5].

3 Cf. http://noborder.org/

4 Cf. http://brigadasvecinales-ddhh.blogspot.com/

5 Cf. http://globalmigrantsaction.org/sn_displayfull.php?row_ID=172

Esta questão está relacionada com uma das reivindicações centrais dos migrantes, plasmada no título da Declaração Final do FSM de Quito (2010): "Povos em movimento por uma *cidadania universal*: derrubando o modelo, construindo atores"[6], onde colocava-se o desafio de "construir um novo paradigma civilizatório [...], a construção coletiva de uma cidadania universal, com o fortalecimento das organizações de migrantes e suas comunidades de origem como os novos agentes da transformação social". De fato, apesar da universalidade dos direitos humanos da Declaração Universal dos Direitos Humanos, a titularidade dos mesmos somente é reconhecida na prática aos "cidadãos", ou seja, aqueles amparados por um Estado que tenha assumido em seu ordenamento interno o conteúdo da Declaração (FERRAJOLI, 1999). Os migrantes em trânsito, irregulares, entre outros, excluem-se então dessa proteção, motivo pelo qual a exigência de uma cidadania universal como garantia dos direitos humanos é uma questão central.

A força das reivindicações dos migrantes e o fato de que, para além de suas demandas específicas, ofereçam um exemplo paradigmático das contradições da atual etapa do capitalismo global em diversas dimensões, permitiram que sejam assumidos como eixo de trabalho de vários movimentos sociais e das lutas transnacionais: movimento antiglobalização, movimentos contra o racismo, movimentos de defesa dos direitos humanos, FSM, La Via Campesina etc. Estes "viajantes clandestinos da globalização" oferecem assim exemplos de resistência a partir da resiliência, das margens, criando fortes marcos interpretativos que são assumidos na luta contra a atual etapa da globalização.

6 Disponível em http://www.gritodelosexcluidos.org/media/uploads/declaracioni-vfmm2010final.pdf. La cursiva es nuestra.

## Algumas considerações finais: superando *o perigo de uma única história*

As migrações e os movimentos sociais estiveram unidos de diversas maneiras ao longo da história. Na atualidade, estas interações adquirem umas dimensões e especificidades que as facilitam e intensificam no espaço social transnacional. Este capítulo, longe de pretender esgotar um amplo campo de estudos, buscou traçar algumas possibilidades de articulação, ilustrado com exemplos e temas nos quais outros estudos devem aprofundar-se, no que se refere, por exemplo, ao debate das identidades e subjetividades e as tensões entre mobilidades e mobilizações. A partir dos ativistas diaspóricos às demandas transversais que colocam no centro da discussão as contradições geradas pelos migrantes na globalização, passando pelas conexões e práticas transnacionais que circulam em diversos espaços militantes e migrantes, as atuais mobilidades requerem olhares igualmente dinâmicos e holísticos. Isso é importante, mesmo que seja por algo tão simples, mas de implicações tão profundas, como que, ao contar e entrelaçar histórias e experiências a partir de vários lugares onde as rotas se encontram, o olhar desses sujeitos diaspóricos nos salvam do *perigo de uma única história*, assinalado pela escritora nigeriana Chimamanda Adichie[7]. Trazem-nos, com suas vozes, histórias diferentes às relatadas pelo poder; esse poder que não somente outorga o direito de contar uma história de outros, mas também de fazer dela a única história real.

## Referências

BASCH, L.G.; GLICK-SCHILLER, N. & BLANC, C. (1994). *Nations Unbound*: Transnational Projects, Post-Colonial Predica-

7 Cf. http://www.ted.com/talks/lang/spa/chimamanda_adichie_the_danger_of_a_single_story.html

ments, and De-Territorialized Nation-States. Langhome, PA: Gordon and Breach.

BRINGEL, B. (2012). “Les sans terre du Brésil, l’activisme transnational et la souveraineté alimentaire comme alternative à la faim”. *Ceriscope*. Paris: Sciences-Po.

______ (2011a). “Estudio de los movimientos sociales en América Latina: reflexiones sobre el debate poscolonial y las nuevas geografías del activismo transnacional”. In: VV.AA. *Pensamiento crítico y sujetos colectivos en América Latina*: perspectivas interdisciplinarias. Montevidéu: Trilce, p. 35-55.

______ (2011b). “Ativismo transnacional, o estudo dos movimentos sociais e as novas geografias pós-coloniais”. *Estudos de Sociologia*, vol. 16, p. 185-215.

BRINGEL, B. & ECHART, E. (2010). “Dez anos de Seattle, o movimento antiglobalização e a ação coletiva transnacional”. *Ciências Sociais Unisinos*, vol. 46, n. 1, p. 28-36.

CABEZAS, R. & CARBALLO DE LA RIVA, M. (2008). “Evolución e incidencia de las prácticas transnacionales migratorias en la promoción del codesarrollo y reducción de la pobreza en las comunidades de origen de El Salvador (2000-2006)”. *Simposio Internacional* – Nuevos retos del transnacionalismo en el estudio de las migraciones. Gedime, UAB.

CAIRO, H. & BRINGEL, B. (2010). “Articulaciones del Sur Global: afinidad cultural, internacionalismo solidario e Iberoamérica en la globalización contrahegemónica”. *Geopolítica(s)*, vol. 1, n. 1, p. 41-63.

EVERS ROSANDER, E. (2006). "Cosmopolitas y locales: mujeres senegalesas en movimiento en Jabardo". *Mercedes: senegaleses en España* – Conexiones entre origen y destino. Madri: Ministerio de Trabajo y Asuntos Sociales.

FAIST, T. (2000). *The Volume and Dynamics of International Migration and Transnational Social Spaces*. Oxford: Clarendon Press.

______ (1999). "Developing transnational social spaces: The Turkish German example". In: PRIES, L. (comp.). *Migration and Transnational Social Spaces*. Aldershot: Ashgate, p. 36-72.

FERNÁNDEZ, M.; GIMÉNEZ, C. & PUERTO, L.M. (2008). *La construcción del codesarrollo*. Madri: Los Libros de la Catarata.

FERRAJOLI, L. (1999). *Derechos y garantías* – La ley del más débil. Madri: Trotta.

GLICK SCHILLER, N.; BASCH, L. & BLANC, C. (orgs.). (1992). *Toward a Transnational Perspective on Migration*: Race, Class, Ethnicity and Nationalism Reconsidered. Nova York: New York Academy of Sciences.

GREGORIO GIL, C. (2004). "Migración femenina: su impacto en las relaciones de género". *Asparkia*: Investigació feminista, n. 15, p. 257-268.

KANE, C.H. (1961). *L'Aventure ambiguë*. Paris: Julliard.

KEARNEY, M. (1986). "Migration and Development". *Annual Review of Anthropologie*.

KECK, M. & SIKKINK, K. (1998). *Activists beyond Borders*. Ithaca, NY: Cornell University Press.

LANDOLT, P. (2004). "La construcción de comunidades en campos sociales transnacionales: El caso de los refugiados, migrantes y repatriados de El Salvador". *Estudios migratorios latinoamericanos*. Buenos Aires: Cemla.

______(2001). "Salvadoran economic transnationalism: Embedded strategies for household maintenances, immigrant incorporation, and entrepreneurial expansion". *Global Networks*, 1 (3), p. 217-241.

LE BOT, Y. (2006). "Migraciones, fronteras y creaciones culturales". *Foro internacional*, vol. XLVI, n. 003, jul.-set., p. 533-548. México.

LEVITT, P. & GLICK SCHILLER, N. (2004). "Conceptualizing simultaneity: a transnational social field perspective on society". *International Migration Review*, 38(3), p. 1.002-1.039.

MASSEY, D. et al. (1998). *Worlds in Motion, Understanding International Migration at the End of the Millenium*. Oxford: Clarendon Press.

OLINTO, A. (1969). *A casa da água*. Rio de Janeiro: Bloch.

PEDONE, C. (2004). *Tú siempre jalas a los tuyos* – Las cadenas y las redes migratorias de las familias ecuatorianas hacia España. Barcelona: Universidad Autónoma de Barcelona [Tese de doutorado].

PIORE, M.J. (1979). *Birds of Passage*: Migrant Labor in Industrial Societies. Cambridge: Cambridge University Press.

PORTES, A. (1997). *Globalization from below*: The rise of transnational communities [Transnational communities working paper series WPTC-98-01].

SHELLER, M. & URRY, J. (2006). "The new mobilities paradigm". *Environment and Planning A.*, vol. 38, p. 207-226.

SMITH, J.; CHATFIELD, C. & PAGNUCCO, R. (orgs.) (1997). *Transnational Social Movements and Global Politics*: Solidarity Beyond the State. Syracuse: Syracuse University Press.

SMITH, M. & GUARNIZO, L.E. (orgs.) (1998). *Transnationalism from Below* – Comparative Urban and Community Research (6). New Brunswick: Transaction Publisher.

STARK, O. (1991). *The Migration of Labor.* Cambridge: Basil Blackwell.

TARROW, S. (2005). *The New Transnational Activism*. Cambridge: Cambridge University Press.

UNITED NATIONS (2009). *Trends in International Migrant Stock*: The 2008 Revision. [s.l.]: Department of Economic and Social Affairs, Population Division.

VERTOVEC, S. (2006). "Transnacionalismo migrante y modos de transformación". In: PORTES, A. & DE WIND, J. (orgs.). *Repensando las migraciones* – Nuevas perspectivas teóricas y empíricas. México: Porrúa/UAZ/Secretaría de Gobernación Instituto Nacional de Migración.

VIEITEZ, S. & JABARDO, M. (2006). "África subsahariana y diáspora africana: género, desarrollo, mujeres y feminismos". In: ECHART, E. & SANTAMARIA, A. (orgs.). *África en el horizonte* – Introducción a la realidad socioeconómica del África Subsahariana. Madri: Catarata.

Parte III

# Contestação transnacional, redes e movimento antiglobalização

# 9
# Internacionalização sem institucionalização?

## A experiência do Fórum Social Mundial*

*Geoffrey Pleyers*

### Introdução

Na década de 1990 a internacionalização da sociedade civil esteve fortemente associada à institucionalização de vários de seus atores, levando a um processo de "adestramento" que rapidamente transformou movimentos sociais em respeitáveis Ongs (KALDOR, 2003). O período viu também a multiplicação de Ongs internacionais (Ongi), cujo funcionamento dependia da contratação de ativistas profissionais, capazes de elaborar pedidos de financiamento para instituições internacionais e liderar campanhas internacionais de "incidência" (KECK & SIKKINK, 1998). No começo dos anos de 2000 especialistas previram um movimento de rápida e maciça institucionalização da "sociedade civil emergente".

A partir de um estudo realizado pelo Fórum Social Mundial (FSM) e da ascensão de redes internacionais de atores de base (*grassroots*), esse capítulo sugere que ativistas podem ter contribuído para o desenvolvimento de um novo padrão de *internacio-*

---

* Traduzido do inglês por Thiago Nasser.

*nalização sem institucionalização* ao dar enfoque privilegiado à necessidade da participação de atores de bases e promovendo um formato organizacional mais horizontal e participativo. Embora seja possível identificar um padrão de institucionalização no interior do Fórum Social Mundial, ele tem sido contrabalanceado pela cultura política dos ativistas do FSM – uma cultura que preza pela horizontalidade, pela democracia interna e pela participação ativa de atores de base.

A primeira seção deste capítulo retoma alguns elementos-chave do processo de institucionalização. A segunda enfoca as dimensões internas do processo de institucionalização, analisando a evolução da organização dos painéis do FSM e o poder exercido por um grupo de lideranças intelectuais. A terceira analisa a evolução do papel de atores da sociedade civil que exibem maior grau de institucionalização (Ongi e partidos políticos) nas sucessivas edições do FSM. Sua quantidade e influência devem aumentar à medida que o processo de institucionalização se intensifica. Essa análise está baseada numa extensa pesquisa qualitativa realizada a partir de 1999 em oito FSM, assim como em trabalho de campo conduzido junto a organizações alterglobalização e em eventos na Europa e nas Américas.

## 1) Institucionalização

De acordo com alguns dos paradigmas utilizados nos estudos sobre movimentos sociais, há dois caminhos possíveis para os movimentos sociais: ora a sua dissolução, ora sua institucionalização. Assim como a maioria das organizações sociais (WEBER, 1922), "elas seguem o familiar caminho do carisma para a rotina regularizada, da inventividade e paixão para a burocracia, hierarquia e razão instrumental" (WALKER, 1994: 677). A institucionalização é amplamente considerada "um estágio clássico da história natural dos movimentos sociais" (TOURAINE, 1972: 353). Tal estágio representa um fecho ao "ciclo de protesto": "em seu ápice, o movimento é elétrico e aparentemente irresistível, mas em seguida ocorre sua erosão e incorporação por intermédio do processo político" (TARROW, 1998).

O processo de institucionalização possui dimensões internas e externas. No âmbito interno, os movimentos evoluem de estruturas menos fixas para organizações profissionalizadas e hierarquizadas, o que, por sua vez, transfere uma porção maior de poder para as lideranças do movimento, consequentemente enfraquecendo seus membros de base, tal como postulado pela "lei de ferro das oligarquias" de Robert Michels (1911). No âmbito externo, os movimentos são progressivamente integrados à política institucional (TARROW, 1998) ou se tornam redes de ajuda mútua, cujo principal objetivo consiste em oferecer um conjunto de serviços para seus membros (KRIESI, 1996). Os movimentos perderiam boa parte de sua postura crítica no decorrer desse processo: "quanto mais movimentos se tornam grupos de interesse, maior o risco de perderem sua historicidade [o questionamento das principais orientações e rumos da sociedade]" (TOURAINE, 1972: 354). Decerto, "o adestramento não tem apenas a ver com o acesso. Trata-se de uma questão em que há uma adaptação de ambas as partes. Quando autoridades aceitam parte da agenda do protesto, os movimentos modificam seus objetivos e se tornam mais respeitáveis" (KALDOR, 2003: 83).

Mais recentemente, consolidou-se um consenso entre estudiosos no sentido de associar a internacionalização dos movimentos sociais com sua institucionalização e o poder crescente de suas elites. Tilly foi bastante explícito: "se o cenário de internacionalização prevalecer, podemos razoavelmente esperar por ainda mais consequências no âmbito da política popular. Em primeiro lugar, dado os requisitos mínimos de informação, tempo, contatos e recursos para os movimentos sociais de grande escala, a atual tendência de elitização da participação nos movimentos sociais se aprofundaria [...]. Em segundo lugar, por esse motivo e por causa do acesso desigual aos canais de comunicação [...] sujeitos excluídos sofreriam ainda mais que hoje com a falta de meios para constituir campanhas e demonstrações efetivas" (TILLY, 2004: 155; cf. tb. TARROW, 2005). Complementarmente, Friedman (1999) demonstrou como o forte apelo do "discreto charme da burguesia" opera nos delegados de movimentos indígenas locais, na medida em que foram paulatinamente transformados num grupo de ativistas globais de elite após serem projetados na arena internacional em virtude da participação na negociação das Nações Unidas acerca dos direitos dos povos indígenas.

## 2) Da institucionalização para a descentralização

O FSM comemorou seu décimo aniversário em 2011. Anualmente entre 2001 e 2007, e a cada dois anos depois disso, esse encontro alterglobalização chegou a atrair 170 mil ativistas de todo o mundo. Na condição de evento global e de massa, esperava-se que o FSM rapidamente trilharia o mesmo rumo de institucionalização em ampla escala. Contudo, o FSM ainda não se tornou um ponto de encontro institucionalizado e adestrado. De fato, as mais recentes reuniões foram muito menos institucionalizadas que as primeiras.

### *2001-2003: Rumo a um FSM institucionalizado e hierarquizado*

Ao longo das três primeiras reuniões realizadas em Porto Alegre, o processo dos FSM passou por crescente institucionalização e profissionalização (DESAI & SAID, 2003). De janeiro de 2001 até janeiro de 2003 o número de participantes no FSM disparou: em 2001, foram 15 mil; em 2002, 50 mil; em 2003, atingiu 100 mil. O resultado foi uma série de desafios logísticos para os organizadores e o incremento do poder exercido pelo grupo profissional do "secretariado brasileiro do FSM". Aspectos logísticos, inclusive a angariação de recursos, assumiram um grau mais elevado de importância.

Tilly (2004) e Tarrow (2005) sustentam que movimentos sociais dependem muito mais de "profissionais da mobilização" em nível internacional se comparado ao local. O movimento alterglobalização não fugiria desta regra. Seu crescimento dependeria do prestígio e fama e de intelectuais engajados e de suas redes internacionais de afinidades. Trabalhando na academia ou em Ongs, os intelectuais possuem o tempo e os recursos necessários para participar de fóruns internacionais e das reuniões preparatórias, algo do qual os líderes dos movimentos de base geralmente não podem dispor. Desse modo, foram capazes de estar presentes e servir como elos nos protestos e de organizar reuniões de convergência. A ebulição da sociedade civil e os encontros paralelos alterglobalização no final da década de 1990 e começo dos anos de 2000 deram origem a grupos de afinidades informais, porém extremamente influentes, compostos por uma elite globalizada de ativistas em que se pôde observar a clara ascendência de intelectuais, homens de certa idade, e cujo ativismo e visão de mundo eram ancorados no anti-imperialismo da década de 1970. Assim como em outros setores da sociedade civil global (CHANDHOKE, 2002: 48), boa parte dos líderes do Conselho Internacional (CI) que tinham maior poder de decisão careciam de uma base e de representatividade (PLEYERS, 2008). Em muitos aspectos, o FSM de 2001 foi semelhante a um congresso acadêmico, em que intelectuais e acadêmicos monopolizaram as discussões em painéis e *workshops*. Para a maioria dos ativistas o fórum pareceu "tão opaco que foi praticamente impossível entender de que modo decisões foram tomadas ou achar formas para questionar essas decisões" (KLEIN, 2002: 204).

Em 2001 e 2003 o *lounge VIP* forneceu o exemplo mais ilustrativo da hierarquia entre participantes de elite e os "ordinários". O formato "de cima para baixo" tornou-se mais forte ainda em 2003. Intelectuais famosos e lideranças políticas foram escolhidos para discursar, ao passo que os participantes "ordinários" foram relegados ao papel de uma enorme e passiva plateia. Em torno de 11 mil pessoas assistiram às palestras de intelectuais cosmopolitas como Noam Chomsky e Arundhati Roy. Num dos outros dias, mais de 100 painéis foram cancelados para garantir que 60 mil pessoas pudessem ouvir e aplaudir o recém-eleito Presidente Lula.

### *2003-2005: das críticas à transfertilização*

Dois anos depois, quando o FSM retornou a Porto Alegre, após uma passagem por Mumbai, teria sido possível supor que o público recorde (mais de 170 mil pessoas) significaria a intensificação do processo de centralização e institucionalização. Contudo, o fórum de 2005 tomou uma forma bastante diferente do esperado. Ao invés de grandes plateias ouvindo o discurso de intelectuais famosos, o que se viu foram centenas de tendas dentro das quais se desenvolviam pequenos *workshops* de caráter mais participativo. A organização de painéis e a escolha de palestrantes foram transferidas dos organizadores do FSM e membros do CI para as organizações participantes. Essa dinâmica conferiu ao evento um novo frescor e impulso. Foi uma demonstração de como uma reunião massiva poderia dar espaço para a participação de atores de base e também para a organização autônoma das redes de ativistas.

A reflexividade dos ativistas e a vontade de criar um fórum mais horizontal e participativo tiveram impacto determinante no movimento de criação de um contrapeso ao padrão de institucionalização que o FSM estava seguindo. Surgiram várias críticas, que insistiam no valor da abertura democrática e da experimentação com alternativas concretas que se opuseram a um CI "que concentra o poder demasiadamente, mas que não presta contas para ninguém" (declaração de um delegado do sindicato trabalhista italiano Cobas, FSM, 2004). Ativistas utilizaram o "espaço aberto" (SEN & WATERMAN, 2004) para implantar processos horizontais e participativos tanto no interior como nas margens do FSM. Ativistas nos espaços autônomos dentro do acampamento da juventude, dos movimentos feministas (DUFOUR; CAOUETTE & MASSON, 2010) e das redes de ativistas intérpretes (*Babels*) insistiram na necessidade de maior coerência entre os valores defendidos pelo movimento e pelos organizadores do FSM (PLEYERS, 2010). Em 2002 jovens ativistas empreenderam-se numa manifestação festiva que invadiu o *lounge VIP* do FSM com o *slogan* "Vips somos todos nós". O espaço VIP foi imediatamente fechado e nunca mais apareceu em edições posteriores do FSM.

O FSM de 2003 foi alvo de fortes críticas, levando os líderes do CI a se abrirem progressivamente. Em janeiro de 2004 a mensagem havia sido amplamente aceita: "Os filhos e filhas de Porto Alegre não estão aqui [...]. Precisamos modificar a metodologia dos fóruns. Precisamos de diálogo democrático"[1]. As modalidades de um formato organizacional mais descentralizado do Fórum então se tornaram o principal foco do processo preparatório para o 5º FSM. Entretanto, a tensão entre diferentes concepções do FSM e seu formato organizacional não devem ser erroneamente interpretados como um desvio ou deficiência do movimento alterglobalização. Ao contrário, tal tensão suscita transfertilizações (DELLA PORTA, 2006) e um dinamismo que catalisa a inovação dentro do movimento (PLEYERS, 2010): "Nós não devemos ter estruturas organizacionais demasiadamente institucionalizadas e estabelecidas [...] no entanto, certamente precisamos de alguma estruturação em termos de organização para que possamos trabalhar em conjunto com efetividade" (declaração de um jovem ativista do Attac, Alemanha, em HURRELMANN & ALBERT, 2002: 315).

### *Depois de 2005: um ponto de tensão permanente*

A luta contra "formas residuais de vanguardismo" (GLASIUS & TIMMS, 2006) ainda estava longe de seu fim. Até mesmo

1 Frase enunciada por um ativista/acadêmico europeu durante a reunião do CI que antecedeu o FSM de 2004, em Mumbai.

a própria realidade do FSM de 2005 não foi de "total auto-organização" ou de um "processo 100% horizontal", tal como J. Miola, o "diretor executivo do FSM" [sic], proclamou ter sido em entrevista (*Libération*, 01/02/05). O "Manifesto de Porto Alegre", escrito por dezenove intelectuais sem consulta a qualquer um dos participantes do FSM e que foi apresentado aos meios de comunicação num hotel cinco estrelas, é outro exemplo.

Um ano depois, o "FSM Policêntrico" (FSM-P) foi realizado em três localidades: Bamako, Caracas e Karachi. Pelo menos dois dos três eventos foram dominados pelos ativistas de elite. A organização do FSM-P de Bamako dependeu majoritariamente da atuação de um pequeno grupo de ativistas do Mali bem-integrados a redes internacionais. Em muitos aspectos, eles se pareciam mais com seus colegas europeus do que com os ativistas de base de seu próprio país. Em Caracas houve uma grande apropriação do evento por parte de intelectuais interessados em aproximar o Fórum de líderes políticos latino-americanos. Em outro polo também houve vários fóruns autônomos. O "Fórum Social Alternativo" de caráter aberto e participativo, organizado por ativistas libertários, adotou uma atitude crítica em relação à organização "vertical" e "autoritária" do fórum "oficial". Seu tamanho restrito permitiu a realização de debates e discussões mais aprofundados que haviam sido esquecidos nos eventos maiores (cf. PLEYERS & ORNELAS, 2011).

Depois de 2006, o poder de alguns dos líderes fundadores do FSM se encontrava minado[2] por uma nova geração de especialistas e redes de incidência, baseadas menos na figura de intelectuais proeminentes e midiáticos e mais comprometida em manter relações horizontais tanto entre ativistas como entre organizações-membros de redes alterglobalização. Organizações como a

---

2 Desde 2006, vários acadêmicos ativistas repetidamente proclamaram que o FSM havia perdido seu propósito e tinha se tornado inútil (BELLO, 2007). Sua posição pode na realidade ser reflexo do declínio da influência dessa categoria de ativista no processo FSM.

Tax Justice Network ou a Network Institute for Global Democratisation aliam expertise qualificada com uma metodologia de trabalho descentralizada e aberta. Em outros casos, como o da Attac, a transição de organizações centradas em torno da figura de líderes históricos e intelectuais para redes mais participativas e descentralizadas tem tido consequências dramáticas[3].

O processo de transfertilização entre líderes do FSM e ativistas que promoveram um movimento aberto intensificou-se depois de 2006. No CI do FSM, assim como em muitas outras redes alterglobalização, muita energia já foi dedicada para discutir e repensar o fórum e o seu processo preparatório. Em vez de discursos feitos por intelectuais-estrelas, redes de ativistas de base e temáticas se tornaram o propulsor dinâmico por trás dos FSM. Após 2011 ficou particularmente claro que o fórum devia muito de seu dinamismo ao trabalho de redes que se dedicam a temas como moradia, mudança climática ou instituições financeiras internacionais. Ademais, o fato de que o FSM tem tido diferentes sedes depois de 2005 tem evitado o fenômeno de comitês de organização locais profissionalizados e poderosos, como ocorreu no caso brasileiro, e as quatro repetições de Porto Alegre como cidade-sede entre 2001 e 2005.

## 3) Atores de base e Ongs no processo do Fórum Social

*Partidos políticos*

A natureza internacionalizada do FSM aumenta a necessidade por recursos e capacidade organizacional, algo que partidos políticos e Ongs institucionalizadas podem oferecer. Além disso,

---

3 Em 2006 uma fraude eleitoral foi orquestrada durante as eleições internas da seção francesa da Attac em prol de líderes históricos da organização (PASSET, 2006). Estes perderam todos seus assentos no conselho nas novas eleições. A seção alemã do Attac teve seu próprio abalo em 2007. A maioria dos membros fundadores eventualmente pediu afastamento do comitê de coordenação nacional: dois membros do novo comitê nacional Attac-Alemanha tinham entre 24 e 26 anos, e a nova copresidente do Attac-França era uma mulher de 27 anos.

o FSM aparenta ser particularmente vulnerável como um espaço aberto "que não pertence a ninguém" (WHITAKER, 2006) e que é dedicado a discussão e debates "constantemente sujeitos à invasão" (KALDOR, 2003: 46): atores sociais e políticos querem ficar com o crédito do processo, tomar vantagem dos holofotes ou se beneficiar de seus frutos políticos.

A Carta do FSM afirma que os fóruns são espaços dedicados aos movimentos sociais e aos cidadãos. Partidos políticos são bem-vindos, porém como espectadores passivos. Contudo, em cada um dos FSM na América Latina e na Índia, algumas mesas e painéis foram deixados para partidos e líderes políticos locais. Em 2001 uma mesa na sessão final foi dada para líderes locais e nacionais do Partido dos Trabalhadores (PT). Lula participou de todos os FSM realizados no Brasil, mas o ápice da influência de um partido político no fórum foi alcançado no FSM-P de 2006 em Caracas, onde palestrantes na mesa principal aproveitaram todas as oportunidades que apareciam para reiterar sua solidariedade com o "processo revolucionário" liderado por Hugo Chávez. Um ano depois, políticos e partidos praticamente desapareceram do Fórum de 2007 em Nairóbi e "ativistas políticos" claramente tiveram menos espaço em edições posteriores do fórum. O debate acerca da participação de líderes políticos progressistas está longe de seu fim e muito provavelmente nunca terminará. O PT novamente teve bastante visibilidade no FSM de 2009 em Belém. Contudo, dez anos depois do primeiro FSM e, em contraste com muitas das previsões feitas, o FSM não foi dominado por uma única orientação política.

### *Nairóbi 2007: Um FSM de Ongs internacionais*

As Ongs têm desempenhado um papel importante no movimento alterglobalização trazendo novas ideias, repertórios de ação, ajuda financeira para eventos do FSM e ajuda de custo para as viagens de ativistas africanos e asiáticos. As Ongs e Ongi tiverem atuação destacada nos FSM entre 2002 e 2006. Contudo, o fato de elas terem dominado o FSM de 2007 em Nairóbi levantou uma série de questionamentos e críticas. A descentralização da organização que está em curso nos fóruns desde 2005 tem causado ao menos um efeito perverso: o número e visibilidade de painéis em cada fórum dependem cada vez menos da relevância da questão de que tratam do que na disponibilidade de recursos financeiros propostos pela organização. Para organizar um *workshop* é bastante útil poder alugar uma sala dentro do fórum, divulgar o painel de discussão, pagar pelos custos de viagem dos palestrantes e assim em diante. As Ongs geralmente têm mais capacidade que os movimentos de base para entrar nesse jogo. Isto ficou bastante evidente em Nairóbi, onde a ONG estadunidense Action AID sozinha organizou 36 *workshops*. Tanto os principais temas no programa oficial do FSM e a organização logística do fórum refletiram essa supremacia das Ongs. Um número muito maior de painéis adotou um enfoque centrado em instituições internacionais e em questões de desenvolvimento do que em lutas locais. Ademais, as escolhas feitas pela organização do evento impediram a participação de pessoas pobres locais, pois o local do evento ficava longe do centro da cidade; água e comida eram vendidas por preços caros por empresas privadas; e por causa da decisão de usar seguranças para coibir o acesso daqueles que não pagassem um ingresso. A Assembleia de Movimentos Sociais internacional em Nairóbi e a People's Parliament, uma rede queniana, denunciaram ferozmente a "privatização, comoditização e militarização" do fórum, que foi "destruído pela falta de compaixão, isolada pela enorme arrogância exibida pelos organizadores" (MBATIA & INDUSA, 2011; CONWAY, 2008).

A experiência de Nairóbi teve um profundo efeito sobre os organizadores e participantes, aumentando a suspeita sobre a participação excessiva de Ongs e sua vontade de defender "a proeminência dos movimentos sociais de base nos fóruns" (fala de um dos membros do CI, 2007). Consequentemente, a influência das Ongs vem diminuindo. Quando o FSM retornou à África em 2011, o evento havia se transformado em outra coisa: "[um evento] aberto e acessível [...] ao mesmo tempo militante e politicamente assertivo [...] que se destaca pelo seu caráter inclusivo e pela diversidade de seus participantes" (CARUSO, 2011). Como muitas pessoas tinham dificuldade de se locomover até o fórum, abriram-se atividades fora do espaço do evento, tendo sido a Assembleia Mundial de Habitantes, organizada num subúrbio de Dacar, possivelmente um desses eventos mais dignos de nota (CARUSO, 2011).

*Redes internacionais de movimentos de base*

A evolução da relação entre Ongs e movimentos sociais no interior do FSM tem sido estimulada ao mesmo tempo em que é reflexo de uma das mudanças mais significativas na sociedade civil global na última década: *as redes de base se deram conta de que sua internacionalização não requer necessariamente o apoio de Ongs.* Críticas contra algumas práticas adotadas por Ongs têm sido levantadas dentro e para além do fórum. Ativistas locais africanos reclamam que foram instrumentalizados por Ongs: "algumas Ongs nos usam para captar dinheiro e assegurar contratos, mas nunca ouvem o que temos a dizer"[4]. Enquanto Ongs tentavam transmitir a "voz dos sem-voz", alguns acabaram monopolizando o acesso à arena internacional. Movimentos de base então decidiram criar suas próprias redes internacionais e a desenvolver expertise própria. No FSM-P de Bamako, Paul Nicholson, líder da Via Campesina[5], argumentou que os camponeses "não querem mais que Ongs falem em nosso nome nas instituições internacio-

4 Palavras de um ativista de base durante um *workshop* preparatório para o FSM de 2007 (Durban, 22/07/06).

5 A rede afirma que reúne mais de 100 milhões de produtores agrícolas pequenos e médios mundialmente.

nais e sobre política agrícola. Queremos construir nosso próprio movimento, nossa própria rede internacional e falar por nós mesmos". A criação da Aliança Internacional dos Habitantes foi reflexo de processo similar: "Nós não valemos menos que as Ongs. De fato, diria até que valemos mais, pois possuímos uma base social [...]. Nós decidimos carregar o destino de todos eles, não apenas em cada bairro, mas também no âmbito internacional[6].

Dessa perspectiva o FSM tem sido uma ferramenta poderosa, facilitando a criação de redes e o compartilhamento de conhecimento, além de oferecer uma plataforma global para lutas enraizadas na esfera local. A Via Campesina tem sido um dos principais líderes desde sua criação. Desde então, dezenas de outras redes internacionais já foram criadas nos fóruns, incluindo a "No Vox", uma rede global que reúne sem-tetos, camponeses sem-terra e organizações de migrantes ilegais.

### *O Fórum Social dos Estados Unidos*

O desejo de evitar que Ongs assumam a liderança dos fóruns sociais é particularmente intenso entre os organizadores do Fórum Social dos Estados Unidos (Fseu). O documento de fundação de Fseu afirma que "prioridade máxima dever ser dada a grupos que efetivamente estão engajados com organização de base, com trabalhadores de cor, com o treinamento de organizadores e com a construção de estruturas de resistência de longo prazo"[7]. Isso, consequentemente, acarretou a exclusão de Ongi da América do Norte e de fundações filantrópicas[8], pois a intenção

6 Delegado da Aliança Internacional dos Habitantes, durante a reunião intitulada "O acesso a redes de auxílio para acesso à arena internacional" (Rambouillet, França, 2009).

7 Trecho extraído de *What we believe* [Disponível em http://www.ussf2010.org/about – Acesso em 01/09/11).

8 O processo preparatório do Fseu também incluiu uma reflexão crítica acerca da dependência em várias organizações de justiça social e filantropos ricos que determinam a agenda do movimento de acordo com suas prioridades de financiamento.

consistia em evitar que o fórum fosse liderado por "organizações de políticas e solidariedade sem base nas comunidades mais marginalizadas dos Estados Unidos" (LEON GUERRERO, 2011). Esta decisão resultou na realização de fóruns de menor escala e também em maiores desafios organizacionais e financeiros. Após a primeira reunião preparatória em 2002, foram precisos cinco anos e dezenas de reuniões locais e nacionais para organizar o primeiro Fórum Social dos Estados Unidos.

Ao invés de realizar o fórum em cidades cosmopolitas, o que teria atraído milhares de intelectuais de esquerda e os quadros funcionais das principais Ongs, os Fseu são realizados em cidades com índices mais altos de pobreza e grandes populações de "afro-americanos" (a exemplo de Atlanta, 2007 e Detroit, 2010). O resultado tem sido fóruns caracterizados pela diversidade cultural, racial e geracional (KARIDES et al., 2010), com forte participação de trabalhadores domésticos e minorias, que dão destaque a questões como direito dos migrantes, o direito à cidade e o racismo no interior de movimentos e organizações de sociedade civil. Ao confrontar as principais barreiras informacionais que impedem que certos setores da sociedade estejam presentes nos fóruns sociais, o Fseu tem contribuído para reparar o domínio de ativistas brancos e de classe média (MARTINEZ, 2000).

### 4) Deficiências e limitações

Com base num estudo comparado de movimentos sociais estadunidenses, Gamson (1975) mostrou que os movimentos com uma organização mais burocratizada eram mais eficientes e bem-sucedidos nas lutas políticas, em virtude principalmente de uma clara divisão de tarefas. Este argumento já foi contestado (FOX PIVEN, 1978) e requer uma leitura mais nuançada, tendo em vista que novas tecnologias têm oferecido ferramentas férteis de coordenação, e que os movimentos sociais sustentados por redes mais fluidas podem ser eficientes[9]. Contudo, pode haver um preço a pagar por isso. No FSM isso fica evidente em termos da eficiência da organização logística, da dificuldade de se acumular conhecimento e na manutenção do tamanho do público presente e na promoção da visibilidade do FSM na mídia dominante e entre os formuladores de políticas públicas.

Com o acúmulo de experiência graças a fóruns passados e crescente profissionalização, o secretariado brasileiro tornou-se mais eficiente entre 2001 e 2005. Como o FSM tem, a partir de então, se revezado entre diferentes países a cada ano e não se tornou mais institucionalizado, cada evento constitui um novo desafio logístico. A organização logística do FSM 2011 em Dacar foi de fato um pesadelo para os participantes. Muitas tendas ficaram vazias, ao passo que a organização não conseguia achar espaço para centenas de *workshops*. Participantes passaram horas procurando pelos painéis que planejavam assistir[10].

A institucionalização limitada também pode ter sido um dos fatores que se traduziu em públicos menores e uma queda na cobertura midiática. Em comparação a fóruns anteriores, tanto o Fseu e o FSM de 2011 em Dacar tiveram um público relativamente baixo (15 e 40 mil, respectivamente). Em cada caso, o CI optou por priorizar mais extensão geográfica e social do que o tamanho do público presente. A fórmula para reunir um número bastante considerável de ativistas é de fato relativamente simples e conhecida: uma equipe profissional para lidar com questões logísticas, uma cidade-sede facilmente acessível dotada de movimentos locais fortes e claro apoio político. Idealmente essa cidade estaria localizada no Brasil (120 mil pessoas compareceram ao FSM de 2009, em Belém). A delegação

---

9 Como as recentes revoluções na Tunísia e Egito demonstraram.

10 O déficit de institucionalização também dificulta o desenvolvimento de uma memória histórica do movimento, uma capacidade na qual redes frouxas e temporárias provaram ser bem menos eficientes do que movimentos sociais e organizações profissionais e duradouras (PLEYERS, 2010: 53).

das atribuições centrais de organização para atores da sociedade civil com mais recursos, como Ongi, que também possuem capacidade para divulgar mais amplamente o FSM, organizar *workshops* e arcar com os custos de viagem de participantes convidados.

Ademais, a organização de práticas de autoavaliação e processos de tomada de decisão são tarefas complicadas e que exigem tempo. O ideal de participação do FSM, a partir do número de participantes, muitas vezes choca com a necessidade de eficiência durante as reuniões, quando o tempo é curto e decisões precisam ser tomadas. Tentativas de melhorar a democracia interna e a permeabilidade do processo de tomada de decisão geralmente desaceleram e tornam mais complexas as respostas para problemas surgidos num contexto em constante mutação (SIKKINK, 2002: 312). Enquanto ativistas do FSM dedicam tempo e energia no desenvolvimento de um fórum mais aberto e democrático e o Fseu progrediu na questão de dar um papel mais central a categorias excluídas da população, a resposta para as crises globais - a razão de ser do fórum - parece vir apenas com lentidão e de forma pouco clara (BRINGEL & ECHART, 2010a; PLEYERS, 2010, cap. 10).

## Conclusão

A experiência de dez anos do FSM sugere que a forte reflexividade que caracteriza ativistas alterglobalização, acompanhada pela promoção de uma organização mais participativa e horizontal, tem tido impacto considerável na estrutura e organização do fórum. Em conjunto com outros fatores, tais como o crescente uso das novas tecnologias da informação e comunicação e a cultura de redes (JURIS, 2008), esse movimento tem contribuído na construção de um modelo diferente de internacionalização. O exemplo do FSM incita a prestar maior atenção à reflexividade e às culturas políticas dos ativistas como fatores determinantes na evolução das formas organizacionais dos movimentos sociais (GOODWIN & JASPER, 2004: 17-23).

Ao expor o caso do FSM, este capítulo questiona o vínculo entre a internacionalização dos movimentos sociais e sua institucionalização. Ao mesmo tempo em que contesto a alegação de que a internacionalização inevitavelmente conduz a maior institucionalização, não faço defesa de uma evolução linear do FSM no sentido de um evento e movimento menos institucionalizado. O FSM de 2009 realizado em Belém, por exemplo, foi marcado por uma forte institucionalização, principalmente em virtude da participação do PT e do governo do Estado do Pará, além de algumas empresas. Houve, portanto, forte contestação por parte de movimentos de base, ativistas e da Via Campesina, que decidiram, por exemplo, não participar da principal marcha do fórum como protesto (BRINGEL & ECHART, 2010b). Contudo, o sucesso do fórum depende menos de sua capacidade de superar e dar um fechamento a debates internos do que na manutenção de uma tensão construtiva entre diferentes polos de opinião. Na medida em que a institucionalização conduz à homogeneização dentro do movimento e à sua integração em processos políticos do *mainstream*, o FSM tem incrementado seu caráter diversificado, permanecendo como um espaço aberto em que as tensões entre diferentes componentes e conceitos do fórum constituem o motor de sua constante evolução e adaptação.

## Referências

BELLO, W. (2007). *World Social Forum at the Crossroads*. Bangkok: Focus on the Global South.

BRINGEL, B. & ECHART, E. (2010a). "Dez anos de Seattle, o movimento antiglobalização e a ação coletiva transnacional". *Ciências Sociais Unisinos*, vol. 46, n. 1, p. 28-36.

______ (2010b). "De Seattle a Copenhagen (con escala en la Amazonia): del movimiento antiglobalización al nuevo activismo transnacional". In: IBARRA, P. & GRAU, E. (orgs.). *Jóvenes en la Red* – Anuario de Movimientos Sociales 2010. Barcelona: Icaria, p. 191-201.

CHANDHOKE, N. (2002). "The limits of Global Civil Society". *Global Civil Society 2002*. Oxford: Oxford University Press, p. 35-53.

DELLA PORTA, D. (2005). "Multiple belongings, tolerant identities, and the construction of another politics". In: DELLA PORTA, D. & TARROW, S. (orgs.). *Transnational Protest and Global Activism*. Lanham: Rowman and Littlefeld, p. 175-201.

DUFOUR, P.; CAOUETTE, D. & MASSON, D. (orgs.) (2010). *Solidarities beyond Borders*: Transnationalizing Women's Movements. Montreal: UBC Press.

FOX PIVEN, F. (1979). *Poor people's movements*. Nova York: Vintage Books.

FRIEDMAN, J. (1999). "Indigenous struggles and the discreet charm of the bourgeoisie". *Journal of World-Systems Research*, vol. 5, n. 2, p. 391-411.

GAMSON, W. (1975). *The Strategy of Social Protest*. Homewood, IL: Dorsey Press.

GLASIUS, M. & TIMMS, J. (2006). "The role of social forums in global civil society". In: ANHEIER, H.; GLASIUS, M. & KALDOR, M. (orgs.). *Global Civil Society 2005/6*. Londres: Sage, p. 190-238.

GOODWIN, J. & JASPER, J. (orgs.) (2004). *Rethinking Social Movements*. Lanham: Rowman and Littlefield.

HURRELMANN, K. & ALBERT, M. (orgs.) (2002). *Jugend 2000*: zwischen pragmatischem Idealismus und robustem Materialismus. Frankfurt: Fischer.

JURIS, J. (2008). *Networking futures.* Durham: Duke University Press.

KALDOR, M. (2003). *Global Civil Society*. Cambridge: Polity.

KARIDES, M. et al. (orgs.) (2010). *The United States Social Forum*: Perspectives of a Movement. Chicago: Changemaker.

KECK, M. & SIKKINK, K. (1998). *Activists Beyond Borders.* Ithaca: Cornell University Press.

KLEIN, N. (2002). *Fences and Windows*: The Front Lines of the Globalization Debate. Toronto: Vintage.

KRIESI, H. (1996). "The organizational structure of new social movements in a political context". In: McADAMG, D.; McCARTHY, J. & MAYER, Z. (orgs.). *Comparative Perspectives on Social Movements.* Cambridge: Cambridge University Press, p. 152-184.

LEON GUERRERO, M. (2011). "The second US Social Forum: What did we accomplish". In: SEN, J. & WATERMAN, P. (orgs.). *World Social Forum*: Critical Explorations. Nova Déli: Open Word, p. 107-130.

MARTINEZ, E. (2000). "The WTO: Where Was the *Color in Seattle*". *ColorLines*, Spring 3, n. 1, p. 11-12.

MBATIA, W. & INDUSA, H. (2011 [2007]). "The World Social Forum 2007: A Kenyan perspective". In: SEN, J. & WATERMAN,

P. (orgs.). *World Social Forum*: Critical Explorations. Nova Déli: Open Word, p. 70-79.

MICHELS, R. (1962 [1911]). *Political Parties* – A Sociological Study of the Oligarchical Tendencies of Modern Democracy. Nova York: Collier Books.

PASSET, R. (2006). *Elections Attac:* synthèse finale des rapports d'experts [Disponível em http: //hussonet.free.fr/rpasset.pdf – Acesso em 01/06/10].

PLEYERS, G. (2010a). *Alter-Globalization* – Becoming Actors in the Global Age. Cambridge: Polity.

______ (2010b). *International NGOs and self-help networks: from critics to complementarity?* – The access of self-help networks to the international arena. Paris: IRG/Ford Foundation, p. 69-76.

______ (2008). "The World Social Forum: a globalisation from below?" *Societies Without Border*, 2008, vol. 3, n. 1, p. 72-90.

PLEYERS, G. & ORNELAS, R. (2011). "The World Social Forum hits new ground". In: SEN, J. & WATERMAN, P. (orgs.). *World Social Forum*: Critical Explorations. Nova Déli: Open Word, p. 45-56.

TARROW, S. (2005). *The New Transnational Activism.* Cambridge: Cambridge University Press.

______ (1998). *Power in Movement*: Social Movements and Contentious Politics. Cambridge: Cambridge University Press.

TILLY, C. (2004). *Social Movements, 1768-2004.* Boulder, CO: Paradigm.

TOURAINE, A. (1973). *Production de la société*. Paris: Seuil.

WALKER, R. (1994). "Social movements/world politics?" *Millenium*, vol. 23, n. 3, p. 669-700.

WEBER, M. (1978 [1922]). *Economy and society*. Berkeley: University of California Press.

WIEVIORKA, M. (2005). "After new social movements". *Social Movement Studies*, vol. 4, n. 1, p. 1-19.

# 10

# Articulações internacionais "desde baixo" em tempos de globalização

*Flávia Braga Vieira*

## A globalização e suas respostas

Juntamente com o debate sobre o processo de globalização frequentemente encontramos uma discussão a respeito da construção de uma globalização "desde baixo"[1]. Em geral, este enfoque está calcado na premissa de que se Estado e capital assumem papéis diferenciados em virtude da globalização, também as organizações da sociedade o estão assumindo.

A perspectiva mais comum sobre esta problemática é a ideia de que a partir dos anos de 1960, e principalmente após os anos de 1980, vem ocorrendo um processo de construção de uma sociedade civil global. Este processo é identificado como resultado de dois fatores que se complementam. O primeiro deles diz respeito ao enfraquecimento dos Estados como espaços de decisão política e a transferência deste poder para organismos intergovernamentais como as instituições de Bretton Woods e a Organização das Nações Unidas (ONU). Nesta perspectiva, a sociedade estaria sendo impelida a se organizar de forma desterritorializada para

---

1 A expressão "globalização desde baixo" aparece em diferentes textos sobre este tema, mas a sua consagração se deu com a publicação de Brecher, Costello e Smith, 2002.

democratizar as instâncias interestatais e influenciar os rumos da política mundial.

O segundo fator diz respeito aos elementos que balizam a construção desta sociedade civil global. Segundo esta perspectiva, uma sociedade civil global deve ser entendida juntamente com a noção de uma cidadania planetária que aciona valores universais a partir de uma crescente consciência de problemas marcadamente globais. Estes problemas são em geral relacionados aos direitos humanos e à questão ambiental.

Em suma, o enfraquecimento do Estado e a transferência de seu poder para instâncias supranacionais faz com que surja uma sociedade civil global que, baseando suas ações em valores universais, enfrenta os problemas comuns a toda a humanidade, propondo soluções e influenciando as decisões dos organismos detentores do poder político e econômico global.

Outros autores caracterizam diferentemente o processo. Para estes, a ideia de patrimônio comum da humanidade, por exemplo, não pode ser entendida como um dado objetivo, mas como uma construção retórica. Na verdade, o universalismo retórico esconderia e justificaria a difusão de valores e verdades *produzidas nos* e *a partir dos* países centrais, entre as quais a própria verdade da existência de uma sociedade civil global.

Seguindo esta interpretação de que a globalização não é o enfraquecimento dos Estados nacionais e sim o fortalecimento do poder de dominação do capital por meio de diferentes mecanismos, aparece a caracterização de um movimento de resistência às novas formas de exploração e dominação. São as experiências dos movimentos antiglobalização, os fóruns sociais mundiais, as redes de protesto nos encontros da Organização Mundial do Comércio (OMC).

O presente capítulo analisa a literatura sobre a chamada Sociedade Civil Global (EDWARDS & GAVENTA, 2001; FLORINI, 2000; KECK & SIKKINK, 1996; KHAGRAM et al., 2002), assim como as leituras do que vem sendo enunciado como Movimento

Antiglobalização (AGUITON, 2002; HOUTART, 2003; SANTOS, 2005). Em ambos os casos buscou-se em teorias sociológicas da segunda metade do século XX as bases conceituais de tais análises, em especial as teorias norte-americanas da ação coletiva e a chamada teoria dos novos movimentos sociais.

Ao final, faz-se uma breve reflexão a respeito da Via Campesina, articulação internacional de camponeses, criada nos anos de 1990, que assumiu a vanguarda de uma série de campanhas e protestos globais nas últimas duas décadas e vem se consolidando como uma das principais vozes dentro da chamada globalização "desde baixo". No presente trabalho é entendida como caso relevante para pensar as articulações internacionais contemporâneas na medida em que carrega o que geralmente se chama de "novo" ao mesmo tempo em que reivindica o "velho" internacionalismo de classe.

## Sociedade civil global

A produção acadêmica sobre as recentes articulações internacionais é vasta. De forma geral, estas práticas e fenômenos são entendidos como uma "terceira força" (FLORINI, 2000), atuando em nível internacional, para além dos governos e das organizações do mercado. Há um acordo de que estas articulações compreendem Ongs de vários países e, muitas vezes, também movimentos sociais de caráter mais popular. As Ongs com sede nos países do norte são frequentemente caracterizadas como Ongs internacionais e podem ser elas próprias definidas como rede transnacional ou como parte de uma articulação.

Boa parte dos autores que debatem neste campo tem uma dupla inserção: de um lado, são acadêmicos voltados para a pesquisa acerca da ação coletiva em nível internacional; de outro, são ativistas das próprias redes transnacionais, objeto de suas análises. Não surpreende que, nestas condições, muitas das questões levantadas por seus trabalhos tenham relação direta com alguns desafios colocados para a prática militante e dificilmente possam ser consideradas como questões teóricas ou conceituais. Há uma predominante preocupação com a eficácia da ação desenvolvida pelas redes, numa busca incessante pelas causas de "fracassos" e "sucessos", que não esconde a vontade de encontrar "regras para ação política eficaz". É inegável, igualmente, o claro engajamento dos autores com os valores e objetivos de seus "objetos de estudo", em exercícios nos quais falta a vigilância epistemológica que manifestaria o compromisso com a busca, sempre necessária e nunca plenamente realizada, da objetividade na investigação científica.

Segundo estas análises, o novo papel da sociedade civil em nível internacional teria sido facilitado pela mudança tecnológica que produziu novos e mais rápidos sistemas de comunicação e transporte. Estes mecanismos, juntamente com as novas estruturas econômicas e políticas em nível internacional, estariam lançando as bases de uma cidadania global[2].

Para os teóricos da sociedade civil global, viveríamos hoje o momento em que os direitos civis em nível internacional estariam mais consolidados na medida em que a livre circulação (principalmente de mercadorias e bens) está assegurada. Agora, caberia à sociedade civil em nível internacional constituir, face à "governança global", os direitos políticos e sociais. A sociedade civil global aparece, assim, como portadora de uma herança social democratizante, uma vez que se concebe uma reprodução, em escala global, do processo de conquista de direitos segundo o modelo das sociedades ocidentais do capitalismo desenvolvido.

Segundo um dos textos fundadores deste campo de debates sobre a ação coletiva em nível internacional (KECK & SIKKINK, 1996), as redes transnacionais se diferenciam de outros tipos de articulação, por estarem baseadas em princípios e valores com-

---

2 A principal referência destes autores para pensar a cidadania em nível internacional é o clássico estudo de T.H. Marshall (1967) sobre a construção da cidadania na sociedade inglesa.

partilhados, os quais motivam a sua formação e, além disso, defendem os direitos de outros e não de seus membros. Este é o significado da palavra *advocacy*, amplamente utilizada na caracterização de tais redes. As ações não seriam motivadas por interesses, mas sim por valores, caracterizando-se, então, como ações puramente morais. Diferenciam-se das ações racionais, baseadas em cálculos de custo-benefício, assim como das ações de solidariedade que pressupões um vínculo entre os que são defendidos e os que defendem.

> Nossa abordagem difere da perspectiva liberal em importantes aspectos. O liberalismo pressupõe o *self-interest* e atores avessos ao risco, e é uma teoria de como os indivíduos e grupos mudam suas preferências baseados nos cálculos de interesse ou risco. Nós estudamos indivíduos e grupos que são motivados principalmente por ideias e princípios (KECK & SIKKINK, 1996: 214).

> Organizações de solidariedade baseiam suas campanhas em compromissos ideológicos compartilhados – a noção de que aqueles que são torturados ou assassinados defendem uma causa compartilhada com seus defensores. As organizações de direitos civis, em princípio, são comprometidas por defender direitos de indivíduos, independente de afinidades ideológicas com as vítimas (KECK & SIKKINK, 1996: 15).

Há uma visão idealizada destas redes na medida em que se considera que suas ações são as mais "puras" possíveis. O curioso, aqui, é que as razões pelas quais este tipo de "movimento" surge, e, em particular, as razões pelas quais ele surge, sobretudo nos países dominantes do sistema político, econômico e cultural internacional, raramente são examinadas. A discussão está, quase sempre, focada na eficácia destes movimentos e redes, e na sua relevância para conquistas de direitos em países dependentes e periféricos.

Os autores da sociedade civil global trazem muitos elementos das clássicas teorias norte-americanas sobre a ação coletiva[3]. O primeiro deles é a ideia de que a ação social surge quando há uma mudança social que desajusta as estruturas anteriores. Em resposta ao novo contexto, ações coletivas são organizadas para protestar e buscar a solução dos problemas. Assim, no campo de reflexão sobre as ações globais este esquema analítico comparece, na medida em que tais ações são entendidas como respostas à globalização.

Também há o resgate de conceitos e modelos da Teoria da Mobilização de Recursos[4]. O mais importante deles é a própria ideia de que ações coletivas mobilizam recursos humanos, financeiros, de comunicação e infraestrutura e surgem quando os recursos se tornam viáveis. Na literatura sobre a sociedade civil global que produziu é possível encontrar recorrentes casos nos quais os autores explicam o surgimento de redes em função da disponibilidade de determinados recursos. A própria ideia de que o incremento da comunicação e do transporte é fundamental para o crescimento dos contatos internacionais está inspirada neste modelo.

Diferentemente, entretanto, do modelo analítico de organizações presente na Teoria da Mobilização de Recursos, os estudos sobre a sociedade civil global estão mais próximos de uma abordagem fluida, de redes de articulações, que aparece nas teorias sobre a mobilização política. Neste modelo a estrutura de oportunidades políticas é o principal elemento para a eclosão das ações

---

3 Segundo Gohn (2004), os autores clássicos analisavam as ações coletivas, e mais especificamente os movimentos sociais, em termos de ciclos evolutivos em que o surgimento, crescimento e propagação ocorriam por intermédio de um processo de comunicação que incluía contatos, reações circulares e difusão das ideias. As mudanças decorrentes do avanço da sociedade industrial geravam insatisfações que irrompiam em reivindicações. Desta forma, os movimentos sociais eram desdobramento das frustrações e medos em relação à mudança e se caracterizavam como resposta coletiva às tensões da sociedade.

4 As análises sobre as teorias da mobilização de recursos e da mobilização política estão baseadas em Gohn, 2004; Klandermans e Staggenborg, 2002; Hanagan, 1998.

coletivas. Nas redes transnacionais este esquema aparece destacado, em especial quando se trata da relação transescalar das ações. Isto é, uma vez que as oportunidades em escala local ou nacional não são suficientes, a escala global é acionada para tornar efetivas as demandas da sociedade civil.

> Os modelos do *boomerang* e da espiral podem ambos ser pensados como padrões da interação entre estruturas de oportunidades domésticas e estruturas de oportunidades internacionais. Ambos os modelos sugerem que é o fechamento na sociedade doméstica que leva atores dos movimentos sociais para a arena transnacional. Este fechamento se deve em geral à repressão, ao autoritarismo, ou ambos. A combinação de uma estrutura de oportunidades doméstica fechada e uma estrutura de oportunidades internacional aberta inicia o *boomerang* e a espiral (KHAGRAM et al., 2002: 19).

Os autores da sociedade civil global trazem ainda da Teoria da Mobilização Política o conceito de estruturas comunicativas e, em especial, da construção de significados sociais. As redes transnacionais são fundamentais para a criação e recriação de significados sociais e, mais ainda, de *frames*, entendidos enquanto os formatos pelos quais estes significados sociais são apresentados na sociedade.

Assim, no processo de construção de uma cidadania global é fundamental a criação, institucionalização e difusão de normas. Para tanto, os mecanismos da ação comunicativa contidos nas campanhas globais se tornam muito importantes. Por meio destas campanhas criam-se significados sociais comuns, a partir dos quais será possível influenciar as tomadas de decisão em nível local, nacional e global.

Alguns autores discutem a legitimidade de ações internacionais para intervir e tentar influenciar os contextos locais e nacionais; poucos, no entanto, refletem sobre de onde vêm as normas e valores que as redes transnacionais advogam e tentam difundir pelo mundo. Existe pouca (ou quase nula) reflexão sobre as relações de poder dentro das redes, isto é, de que forma são (ou podem ser) reproduzidas relações norte-sul dentro das redes.

Isto remete à ideia de Jameson (2001) a respeito da cegueira no centro. Os significados sociais, que muitas vezes são difundidos através do processo de *framing* que os autores analisam, são quase sempre valores e conceitos da sociedade ocidental e, em especial, dos países do norte. As análises, entretanto, não refletem sobre este aspecto e percebem os processos de *framing* como sendo horizontais, não permeados por relações de poder e dominação.

A cegueira no centro também se manifesta na avaliação dos protestos globais. O enfoque maior é dado às redes e campanhas transnacionais que têm como centralidade da ação as organizações do norte. Outros processos bastante relevantes, no entanto, não são objeto de análise. A gigantesca articulação que propiciou os fóruns sociais mundiais não comparece nem mesmo como citação nos trabalhos sobre a sociedade civil global. Mesmo aqueles que se processaram territorialmente no norte, como as manifestações de Seattle, Gênova ou Praga, são citados *en passant* exclusivamente para ilustrar o crescimento das ações em nível internacional.

O último aspecto silenciado na análise sobre a sociedade civil global diz respeito à perspectiva histórica sobre as articulações internacionais. Muitos trabalhos citam que houve um crescimento da ação coletiva em nível internacional nas últimas duas ou três décadas. Vários autores citam que este aumento tem raízes em outros processos históricos, mas os exemplos se restringem às articulações de cunho liberal que se desenvolveram em países do norte. Ademais, são vistos quase como uma pré-história que se iniciaria de fato apenas com as experiências do chamado período da globalização.

> É verdade, existem exemplos anteriores deste padrão, como o movimento antiescravidão ou o sindicalismo, mas foram os movimentos pacifistas que emergiram em oposição à Guerra do Vietnã no fim dos anos de 1960, juntamente com

> o medo popular de uma guerra nuclear, que marcam uma nova era nos movimentos globais dos povos (EDWARDS & GAVENTA, 2001: 17).

Não há referência às inúmeras formas de articulação dos movimentos socialista, comunista e anarquista que se iniciaram em meados do século XIX e se desenvolveram ao longo do século XX. Assim, a história da ação coletiva em nível internacional é liberal e centrada na experiência histórica dos países do centro do capitalismo, com especial destaque para a experiência norte-americana.

Os autores transformam a experiência histórica particular da sociedade em que vivem na história universal. Se de um lado é possível conhecer algumas das formas de articulação globais da contemporaneidade, é preciso também ter em mente que estes trabalhos se referem a apenas uma parte do que é ação coletiva internacional hoje. Além disso, é preciso ler os trabalhos em questão como reflexo dos mecanismos de dominação ideológico-cultural que se manifestam no atual formato do capitalismo mundial, isto é, a globalização.

## Movimentos antiglobalização

Em paralelo aos trabalhos sobre a sociedade civil global há outro conjunto de análises que também se debruça sobre os processos contemporâneos de articulação internacional, preocupado em compreender protestos, manifestações, campanhas, movimentos que desafiam a chamada globalização. Na categoria nativa são os chamados movimentos "antiglobalização"[5]. Em geral estes movimentos são considerados como resposta à globalização econômica, hegemônica ou neoliberal.

---

5 O que estamos chamando de antiglobalização muitas vezes é nomeado como "por uma outra globalização", ou "altermundista". Analistas, organizações e movimentos utilizam expressões diferentes, embora o conteúdo mais geral seja a crítica aos efeitos nocivos do processo de globalização para as populações e os países mais fracos da economia mundial.

> Os conflitos, as resistências, as lutas e as coligações em torno do cosmopolitanismo e do patrimônio comum da humanidade demonstram que aquilo a que chamamos globalização é, na verdade, um conjunto de campos de lutas transnacionais. Daí a importância em distinguir entre globalização de-cima-para-baixo e globalização de-baixo-para-cima, ou entre globalização hegemônica e globalização contra-hegemônica. [...] É importante ter em mente que estes dois tipos de globalização não existem em paralelo como se fossem duas entidades estanques. Ao contrário, são a expressão e o resultado das lutas que se travam no interior do campo social que convencionamos chamar globalização [...] (SANTOS, 2005: 71).

Na maioria das análises incluem-se as campanhas das redes transnacionais nestes movimentos da globalização contra-hegemônica, mas eles não se restringem a elas. Há um grande destaque para articulações entre os movimentos populares, para as alianças entre grupos do sul e do norte, e também para outros atores que não comparecem nas análises sobre a sociedade civil global, tais como as igrejas, os sindicatos, entre outros.

Existem controvérsias a respeito do evento fundador do movimento antiglobalização. Muitos identificam que o levante zapatista, em 1994, seria este ponto de partida. Primeiramente, porque sua ideologia buscava identificar a resistência local com uma crítica dos efeitos globais do neoliberalismo; em segundo lugar, porque o formato de sua articulação, isto é, a utilização da internet para construir redes de solidariedade, é considerado como uma das principais características dos protestos mundiais a partir de então.

Alguns autores, no entanto, apontam Seattle como a origem do movimento antiglobalização. Em novembro de 1999, aproximadamente 50 mil manifestantes conseguiram bloquear as entradas do centro de conferências aonde iria se realizar a assembleia geral da Organização Mundial do Comércio (OMC). Na sequência da chamada "batalha de Seattle", em abril de 2000, por ocasião de uma reunião do Fundo Monetário Internacional (FMI) na cidade de Washington, aproximadamente 20 mil manifestantes se reuniram para protestar contra as políticas do Fundo. O ápice das manifestações contra as reuniões dos organismos internacionais, vistos como "representantes e agentes da globalização neoliberal", foi o enorme protesto contra a reunião do G-8, em julho de 2001, na cidade de Gênova, no qual 300 mil manifestantes foram reprimidos violentamente, com centenas de prisões, em torno de 500 feridos graves e um morto.

Não parece fértil seguir no debate sobre o evento fundador, mas estes acontecimentos geraram vários outros, materializando o que muitos têm chamado de "movimento dos movimentos", ou movimento antiglobalização. Christophe Aguiton aponta que tanto o levante zapatista como os protestos nas reuniões dos organismos econômicos globais são fundadores de um novo formato de manifestação política (AGUITON, 2002).

Aguiton (2002) e Houtart (2003)[6] classificam as ações dos movimentos antiglobalização em três tipos: as iniciativas de massa, as campanhas, e as conferências. Os três tipos de ações são muitas vezes combinados (manifestações de massa se ligam a campanhas, conferências organizam protestos de rua etc.) e cada um deles aparece tanto na forma global quanto em formas regionais, locais ou temáticas. Isto quer dizer que existem fóruns mais propriamente globais, como o Fórum Social Mundial, ou fóruns europeus, asiáticos, latino-americanos; as campanhas podem ser internacionais, como a campanha pela anulação da dívida, ou específicas, como a campanha contra a Área de Livre Comércio das Américas (Alca) etc.

As iniciativas de massa são os momentos em que os movimentos antiglobalização se tornam mais visíveis e dão prova de sua capacidade de mobilização. Até Seattle tinham pouca re-

6 Houtart classifica campanhas e ações de massa em um único tipo de ação, que ele denomina de ações contra os organismos econômicos e políticos globais.

percussão para o conjunto da sociedade, mas desde então, pela cobertura que a mídia passou a oferecer, ganharam espaço e notoriedade. Nestes protestos se juntam militantes de organizações muito distintas, mas existem algumas redes mais articuladas que coordenam as ações e servem de porta-voz. As manifestações de massa se destinam a protestar contra um organismo ou instituição da "governança global".

As campanhas, por outro lado, focalizam um tema que se desdobra em um conjunto de reivindicações. Entre as campanhas que atingiram uma dimensão global mais ampla podem-se citar: a campanha pela anulação da dívida externa e a que se opôs à ampliação das competências da OMC.

As conferências são o terceiro tipo de ação dos movimentos antiglobalização. Elas pretendem ser um espaço de compreensão recíproca, isto é, de diálogo para a formulação de pautas comuns em oposição à globalização neoliberal. A principal experiência é o Fórum Social Mundial (FSM), que surgiu em janeiro de 2001 na cidade de Porto Alegre.

O FSM surgiu como fórum alternativo ao Fórum Econômico de Davos, a reunião anual entre executivos-chefes das principais corporações do mundo, alguns líderes políticos nacionais, intelectuais e jornalistas seletos – em torno de 2.000 pessoas no total. A ideia do FSM era exatamente construir uma pauta paralela que ficou conhecida na fórmula de "um outro mundo é possível". Reuniu-se em janeiro de 2001, 2002, 2003 e 2005 em Porto Alegre; em 2004 na cidade de Mumbai, na Índia; e daí para frente vem ocorrendo com mais espaçamento e, algumas vezes, descentralizado. Além do fórum principal, centenas de outras conferências locais, regionais, nacionais, por tema (juventude, educação, saúde etc.), foram sendo organizadas ao longo dos últimos dez anos, no que agora é chamado "processo FSM".

O FSM reuniu até 300 mil pessoas em algumas edições (como em janeiro de 2003 em Porto Alegre), absorvendo uma expressiva pluralidade de organizações. O fórum não tem uma estrutura formal de direção nem presidente ou executiva, mas apenas um secretariado e um conselho internacional que compreende organizações por área geográfica e pelo histórico de envolvimento no próprio processo.

> [...] estas características não são novas, na medida em que estão associadas ao que se convenciona chamar "novos movimentos sociais". A verdade, porém, é que estes movimentos, quer sejam locais, nacionais, ou globais, são temáticos. Os temas, enquanto campos de confrontação política direta, obrigam à definição [...] quer no que respeita às estratégias ou táticas, quer no que concerne às formas de organização ou formas de luta. [...] Ora, o que é novo no FSM é o fato de ser inclusivo, no que diz respeito quer à sua escala, quer à sua temática (SANTOS, 2005b: 12).

Analistas e militantes identificam, contudo, que a heterogeneidade do fórum acarreta alguns problemas internos. As dificuldades dizem respeito à construção de hierarquias, uma vez que não há mecanismos que garantam a participam igualitária de todos. Ongs do norte, com muito mais recursos, acabam por operacionalizar a logística e o financiamento do evento, o que implica certa hegemonia também na conformação das pautas e dinâmicas.

> O debate sobre o FSM precisa levar em conta, também, os exaustivos problemas de logística que a organização em nível mundial apresenta para os despossuídos. Tempo, dinheiro e um desencorajante senso de distância apresentam obstáculos reais para estudantes, militantes, sindicalistas, os pobres da cidade e do campo [...] (MERTES, 2002: 110).

De toda forma, há uma razoável concordância na ideia de que o FSM colocou em contato grupos que já vinham se encontrando nas manifestações antiglobalização, assim como outros que estavam fora destes processos. Além disso, consolidou-se como um espaço de troca de informações importante para materializar contatos que muitas vezes estavam apenas no campo do virtual.

Tanto as iniciativas de massa quanto as campanhas e conferências apresentam características do que foi chamado nas ciências sociais de Novos Movimentos Sociais[7]. O primeiro elemento em comum entre as teorias sobre os movimentos sociais e as análises sobre os movimentos antiglobalização é o caráter comunicativo destes. A importância que os zapatistas dão aos seus comunicados via internet e os impactos destes comunicados na conformação de redes de solidariedade é um exemplo claro.

Além disso, muitos autores analisam os movimentos antiglobalização como descentralizados, sem hierarquias internas, com estruturas colegiadas, mais participativos e fluidos. Assim como nas teorias dos novos movimentos sociais, os movimentos antiglobalização atuam quase sempre como redes de troca de informação e cooperação em eventos e campanhas.

Outro elemento de confluência entre as teorias dos novos movimentos sociais e as atuais dinâmicas é a capacidade dos movimentos antiglobalização de construir pautas políticas através de elementos culturais. Temas que costumavam estar fora do campo do conflito político, pois não faziam parte da política institucional, são ressignificados e trazidos ao debate público por estes novos atores, como apareciam nas análises de Offe (1985) sobre os novos movimentos sociais.

> O movimento antiglobalização apresenta-se, na virada deste novo milênio, como uma das principais novidades na arena política no cenário da sociedade civil, dada sua forma de articulação/atuação, em redes com extensão global. Ele tem elaborado uma nova gramática no repertório das demandas e dos conflitos sociais, trazendo novamente as lutas sociais para o palco da cena pública e a política para a dimensão pública – tanto na forma de operar, nas ruas, quanto no conteúdo do debate que trouxe à tona: o modo

---

7 As análises sobre a Teoria dos Novos Movimentos Sociais estão baseadas em Gohn, 2004 e 1997; Melucci, 1996; Offe, 1985; Touraine, 1997 e 1985.

> de vida capitalista ocidental moderno e seus efeitos destrutivos sobre a natureza (GOHN, 2002: 14).

Um último elemento importante que aparece tanto nas leituras sobre os movimentos antiglobalização quanto nas teorias dos novos movimentos sociais é a centralidade da classe média. Segundo Offe (1985), a forma de ação dos novos movimentos sociais é caracterizada por sua constituição se basear fundamentalmente nas classes médias. Ao analisar a base social dos protestos antiglobalização, Aguiton (2002) também chama a atenção para uma homogeneidade de classe, de geração e de cultura, isto é, os protestos são levados à frente por jovens brancos, de classe média e com razoável nível de escolaridade para manejar os conteúdos das estruturas econômicas globais, as ferramentas da comunicação etc.

Os movimentos antiglobalização partilham, assim, de muitos elementos que tinham sido analisados desde os anos de 1970 pelas teorias dos novos movimentos sociais. Ao lado de características novas existem, contudo, "velhos" movimentos sociais. Esta questão é fundamental para entender processos como os deflagrados pela Via Campesina, que participa de inúmeras articulações globais e leva à frente a campanha contra as sementes transgênicas, ao mesmo tempo em que tem em sua constituição movimentos de camponeses que reivindicam a identidade classista, associada aos velhos movimentos sociais.

## Via Campesina internacional

Surge, em 1993, uma organização internacional de camponeses: a Via Campesina. Diversos autores atribuem este surgimento a uma crescente mercantilização e internacionalização da agricultura, de forma que a organização dos trabalhadores do campo seria uma resposta a esta tendência. Progressivamente, a partir de sua fundação, a Via Campesina ampliou bases geográficas, estendendo-se e consolidando ininterruptamente.

A estrutura organizativa da Via Campesina é bastante simples. A conferência é seu órgão máximo de decisão política e se reúne a cada quatro anos em lugares diferentes, de forma a cobrir as diferentes regiões de organização. O Comitê Coordenador Internacional é escolhido na conferência. Escritórios regionais são os espaços responsáveis pelas relações e articulações dentro de cada região, e á aí que se realiza a maior parte do trabalho da Via Campesina. A Secretaria Operativa Internacional coordena e executa as resoluções das instâncias políticas.

Por meio de sua estrutura organizativa simples, de uma política de alianças clara[8], e de campanhas temáticas, a Via Campesina tem acumulado algumas vitórias, tanto no que diz respeito ao fortalecimento e unificação das organizações-membro, como no embate com seus adversários mais diretos (OMC e demais organismos multilaterais).

Em 1999 a Via Campesina participou da grande mobilização de Seattle, nos Estados Unidos, e contribuiu decisivamente para o desmantelamento da Conferência Ministerial da OMC. Em 2003 a Via Campesina organizou uma forte mobilização, com aproximadamente 10 mil camponeses, contra a Conferência Ministerial da OMC em Cancun, México. A exigência era a retirada da agricultura da pauta de debates da OMC. Ainda que este objetivo não tenha sido alcançado, a conferência foi malsucedida, como a de Seattle. Um evento marcou esta mobilização. O camponês coreano Lee Kyung Hae se imolou com uma navalha diante das câmeras de televisão de todo o mundo, carregando um cartaz que dizia: "a OMC mata os camponeses". A partir de então, todos os anos, a Via Campesina celebra o dia 10 de setembro em me-

8 A política de alianças da Via Campesina é bastante controversa, uma vez que campanhas e ações são feitas junto com Ongs internacionais, mas reafirma-se o princípio da autonomia dos movimentos camponeses. Já houve conflitos entre a Via e seus parceiros nos confrontos dos fóruns e protestos mundiais. Para maiores detalhes sobre esta polêmica cf.: Desmarais, 2007; Vieira, 2011.

mória de Lee, como Dia Internacional de Luta contra a OMC e o neoliberalismo, através de mobilizações em vários países.

A Via Campesina tem também outra data importante: o dia 17 de abril é o Dia Internacional da Luta Camponesa. Esta data foi escolhida porque em 17 de abril de 1996, durante a Conferência de Tlaxcala, no México, 19 militantes do MST foram assassinados, no Brasil, no evento que ficou conhecido como Massacre de Eldorado dos Carajás. A partir de então, a cada ano são realizadas manifestações, as quais trazem à opinião pública a luta por reforma agrária.

Desta forma, a Via Campesina se afirmou progressivamente como elemento articulador e organizador de lutas internacionais e vem construindo um sentido de solidariedade internacional bastante forte entre seus militantes. Internamente afirma-se uma identidade camponesa com datas, mártires, campanhas e ações em comum. Por outro lado, para reforçar este sentimento de pertencimento, constrói-se o seu "outro", que compreende em especial as instituições financeiras internacionais, consideradas como elemento-chave do neoliberalismo e da destruição da agricultura camponesa.

A Via Campesina criou e tem insistido na ideia de **soberania alimentar**. Por trás deste conceito está um conflito de modelos de agricultura (e de mundo) que alguns autores têm identificado como de "contra-hegemonia"[9]. Esta é uma construção bastante sofisticada, pois, apesar de muitos movimentos antiglobalização proclamarem a luta por "um outro mundo", a maioria de suas pautas diz respeito às reformas do modelo dominante sem a proposição de um modelo alternativo claro.

Na sua construção, a Via Campesina resgata ideias de outras experiências do internacionalismo da classe trabalhadora, como o valor da solidariedade e a importância do enfrentamento

9 Patel (2004) trabalha com este termo baseado no conceito gramsciano de hegemonia/contra-hegemonia.

em nível internacional. Estas características estão ausentes dos fenômenos contemporâneos analisados na literatura sobre a nova sociedade civil global e os movimentos antiglobalização.

> Nós achamos mais correto usar "campesinato" porque recupera a questão de classe, classe social. [...] Mas este é um conceito em construção, em assimilação. [...] E talvez uma das contribuições da Via Campesina seja recuperar os conceitos clássicos, do Marx, do Lênin, do Mao, e entender direito o que acontece. Assim como a Via Campesina está ajudando muito a recuperar o conceito clássico do imperialismo, saindo dessas coisas de neoliberalismo e globalização (entrevista com João Pedro Stédile, dirigente do MST e da Via Campesina, em 19/12/07)[10].

Por outro lado, a Via Campesina se organiza frente à forma atual de dominação do capital e aciona temas contemporâneos como as questões de gênero e o meio ambiente, utilizando, inclusive, estratégias de divulgação emprestadas das Ongs e redes transnacionais das quais busca se diferenciar. Não descarta, contudo, o papel da mobilização de massas, o trabalho com as bases dos movimentos e, tampouco, abandona a questão de luta de classes.

> [...] foram sendo criados movimentos diferentes, com um jeito diferente, mas que recupera o velho. O jeito da mobilização e da organização muda, mas mantém como princípio fundamental essa questão do internacionalismo e da solidariedade. [...] A Via é uma articulação de camponeses, numa época em que o sindicalismo é derrotado, os movimentos tradicionais são derrotados e o campo passa a sofrer contradições grandes que levam à nossa resistência. [...] E nós hoje fazemos grandes mobilizações em qualquer parte do mundo (entrevista com Egídio Brunetto, dirigente do MST e da Via Campesina, em 23/03/07).

10 As entrevistas aqui citadas foram realizadas para a pesquisa de doutorado da autora e estão melhor descritas em Vieira, 2011.

A Via Campesina postula-se como movimento autônomo em relação a partidos e governos e entende o poder numa perspectiva mais ampla que a da tomada do poder de Estado, incluindo formas cotidianas de construção de agendas, propostas e projetos. Não advoga, entretanto, uma ideologia homogênea, permitindo a convivência, em seus quadros, de filiações político-ideológicas distintas.

> Há uma troca, tipo a cobra: ela troca o couro, a roupagem, o jeito, mas o conteúdo segue. A Via Campesina é uma nova fase da luta. Ela é fruto dessa militância, desses dirigentes que já tinham experiências, e o que foi mudando foi o jeito do pensamento no mundo camponês. Fomos criando uma maior autonomia em relação aos partidos da esquerda tradicional, mas mantivemos a relação política (entrevista com Egídio Brunetto, dirigente do MST e da Via Campesina, em 23/03/07).

Por fim, a Via Campesina delineia um projeto de sociedade, que ganha concretude na proposta da soberania alimentar, mas inclui outras ideias e conceitos. Neste sentido, afirma que sua luta não é apenas reivindicativa ou corporativa, mas que contempla valores que extrapolam o ambiente rural no questionamento ao modelo dominante.

> Construímos uma consigna que é tão simples, mas ao mesmo tempo tão contraditória. Nós que somos contra a globalização, afirmamos que temos que nos globalizar, mas globalizar na luta. Que temos que enfrentar a globalização construindo uma esperança que é a luta por nossos direitos. Esse é o nosso caminho, até aqui conseguimos chegar. A Via Campesina é um movimento alternativo, que parte dos camponeses para gerar uma alternativa ao modelo neoliberal (entrevista com Francisca Rodríguez, dirigente da Anamuri, Chile, e da Via Campesina, em 19/03/07).

## Referências

AGUITON, C. (2002). *O mundo nos pertence*. São Paulo: Viramundo.

BRECHER, J.; COSTELLO, T. & SMITH, B. (2002). *Globalization from below*: the power of solidarity. Cambridge, MA: Sound.

DESMARAIS, A. (2007). *La Vía Campesina:* globalization and the power of peasants. Londres: Pluto.

EDWARDS, M. & GAVENTA, J. (2001). *Global Citizen Action*. [s.l.]: Lynne Rienner.

FLORINI, A. (2000). *The Third Force*: The Rise of Transnational Civil Society. [s.l.]: Japan Center for International Exchange/ Carnegie Endowment.

GOHN, M.G. (2004). *Teorias dos movimentos sociais*: paradigmas clássicos e contemporâneos. São Paulo: Loyola.

______ (2002). "De Seattle a Gênova: uma radiografia dos movimentos antiglobalização". *Folha de S. Paulo*, Caderno Mais!, 27/01.

______ (1997). *Os sem-terra, Ongs e cidadania*. São Paulo: Cortez.

HANAGAN, M. et al. (orgs.) (1998). *Challenging authority*: the historical study of contentious politics. [s.l.]: University of Minnesota Press.

HOUTART, F. (2006). "Los movimientos sociales y la construcción de un nuevo sujeto histórico". Apresentação no *V Encuentro Hemisférico contra el Alca y el Libre Comercio*. Havana, 15/04 [Disponível em http://bibliotecavirtual.clacso.org.ar/ar/libros/campus/marxis/P4C3Houtart.pdf].

______ (2003). *Another world is possible:* changed landscape of the campaign for social justice [Trad. de G. Cragg, de *Le Monde Diplomatique*, nov. – [Disponível em http://globalpolicy.igc.org/ngos/socecon/initiative/2003/1103social.htm].

JAMESON, F. (2001). "Notas sobre a globalização como questão filosófica". In: PRADO, J.L.A. & SOVIK, L. (orgs.). *Lugar global e lugar nenhum* – Ensaios sobre democracia e globalização. São Paulo: Hacker.

KECK, M. & SIKKINK, K. (1996). *Activists beyond borders*. Ithaca: Cornell University Press.

KHAGRAM, S. et al. (orgs.) (2002). *Restructuring World Politics*: Transnational Social Movements, Networks & Norms. [s.l.]: University of Minnesota Press.

KLANDERMANS, B. & STAGGENBORG, S. (orgs.) (2002). *Methods of social movements research*. [s.l.]: University of Minnesota Press.

MARSHALL, T.H. (1967). *Cidadania, classe social e* status. Rio de Janeiro: Zahar.

MELLUCCI, A. (1996). *Challenging Codes*: collective action in the information age. Cambridge: Cambridge University Press.

MERTES, T. (2002). "Grass-roots globalism: reply to Michael Hardt". *New Left Review*, n. 17, set.-out.

OFFE, C. (1985). "New social movements: challenging the boundaries of institutional politics". *Social Research*, vol. 52.

PATEL, R. (2004). "Agricultural imperialism and new peasant solidarities". Apresentação no Seminar Series of the Centre for Civil Society. [s.l.]: University of KwaZulu-Natal.

ROSSET, P. (2006). "Alternativa à política fundiária de mercado: reforma agrária e soberania alimentar". In: SAUER, S. & PEREIRA, J.M.M. (orgs.). *Capturando a terra*: Banco Mundial, políticas fundiárias neoliberais e reforma agrária de mercado. São Paulo: Expressão Popular.

SANTOS, B.S. (2005a). *A globalização e as ciências sociais*. São Paulo: Cortez.

______ (2005b). *O Fórum Social Mundial*: manual de uso. São Paulo: Cortez.

TOURAINE, A. (1997). *Crítica da Modernidade*. Petrópolis: Vozes.

______ (1985). "An introduction to the study of social movements". *Social Research*, vol. 52.

VIEIRA, F.B. (2011). *Dos proletários unidos à globalização da esperança* – Um estudo sobre internacionalismos e a Via Campesina. São Paulo: Alameda.

# 11
# Redes de movimentos sociais

## O caso da campanha contra a Alca

*Suylan Midlej*

### Introdução

A atuação em rede passou a ser uma das principais características dos movimentos sociais contemporâneos. Esse atributo se aplica, sobretudo, aos movimentos globais, que vêm ganhando corpo nesse milênio, mas que surgiu no cenário político na década de 1990. Dentre estes inúmeros movimentos tem se destacado o Movimento por uma Nova Globalização (MNG), também conhecido por Movimento Antiglobalização, Movimento Altermundialista, dentre outras denominações. Esse movimento reúne grupos de diversas partes do mundo que manifestam seu descontentamento com resistências e protestos contra a hegemonia do modelo neoliberal. Eles repudiam a liberalização do comércio, a ingerência das multinacionais nas economias locais e a degeneração dos direitos sociais. Também criticam a pouca transparência nos processos de negociação, que contam, em geral, com diplomatas e tecnocratas, e reivindicam a participação dos cidadãos nos destinos dos seus países.

Na América Latina o MNG lançou bases para a criação da Campanha Continental contra a Alca, e também no Brasil, para a

Campanha Nacional contra a Alca (CNA)[1]. Esta última realizou uma série de mobilizações que resultou no plebiscito popular sobre a Alca em 2002, obtendo mais de 10 milhões de votos. Além dessa ação direta, também ocupou espaços institucionalizados, como a Frente Parlamentar de Acompanhamento à Alca, e as reuniões ministeriais realizadas no continente.

A entrada em cena desse novíssimo movimento social (GOHN, 2010) suscita uma reflexão sobre em que base tem-se construído uma nova cultura política mundial e sobre a atuação de atores sociopolíticos na esfera pública, aqui compreendida como espaço do bem comum, que interessa a todos os indivíduos, ainda que sob perspectivas diferentes (ARENDT, 2003). Este trabalho[2] discute as dimensões simbólicas do agir coletivo não institucionalizado e as dimensões estratégicas da ação político-institucional da CNA, ressaltando sua atuação em redes de movimentos sociais.

## O Movimento Social e a luta contra a Alca

A tentativa dos Estados Unidos de criar uma Área de Livre Comércio nas Américas remonta ao final do século XIX, quando da realização da I Conferência Pan-Americana, em 1889. Ao longo do século XX a proposta seria recolocada, mas somente em 1994, com a Cúpula das Américas, em Miami, ela ganhou força.

O processo negociador da Alca aconteceu em três etapas: **preparação** das negociações (de 1994 a 1998), quando foram de-

---

1 A campanha foi lançada em 2002 como Campanha Nacional contra a Alca, substituindo o nome em 2004 para Campanha Brasileira contra a Alca, em função das campanhas nos outros países da América Latina e Caribe também terem sido nacionais. No presente capítulo será utilizada a nomenclatura Campanha Nacional contra a Alca.

2 O presente trabalho é uma versão condensada de um dos capítulos da minha tese de doutorado, defendida no Departamento de Sociologia da Universidade de Brasília (UnB), em agosto de 2008, com o título "Ganhamos a batalha, mas não a guerra: a visão da Campanha Nacional contra a Alca sobre a não assinatura do acordo". Foi realizada pesquisa empírica, com 28 entrevistas individuais semiestruturadas e sete grupos focais com 44 participantes da campanha, perfazendo um total de 72 entrevistados.

finidos princípios, objetivos gerais e prazos para a implementação da Alca; **início** das negociações (de 1998 a 2002), estágio em que foram redigidos os acordos e discutido cada um dos temas em negociação; e **finalização** das negociações (de 2002 a 2004), fase em que se deu a definição de direitos comuns dos países e a construção das ofertas, que significariam o passo anterior à assinatura do acordo. Esta assinatura nunca ocorreu.

A Campanha Nacional contra a Alca foi lançada oficialmente no início de 2002, durante o II Fórum Social Mundial, ou seja, na finalização das negociações. Mas no final de 2001, durante o I Encontro Hemisférico de Luta contra a Alca, em Havana, Cuba, já tinha sido criada a Campanha Continental contra a Alca. Esta última foi coordenada pela Aliança Social Continental (ASC), movimento formado por organizações sociais, redes temáticas e organizações setoriais de todo o hemisfério americano.

No Brasil a CNA começou sob a coordenação da Campanha Jubileu Brasil[3], que surge como consequência da 3ª Semana Social Brasileira, em 1999, coordenada pelo Setor Pastoral Social da Conferência Nacional dos Bispos do Brasil (CNBB). Contou também com a participação de diversas organizações, como o Movimento dos Trabalhadores Rurais Sem Terra (MST), a Central Única dos Trabalhadores (CUT), o Partido Socialista dos Trabalhadores Unificados (PSTU) e alguns segmentos do Partido dos Trabalhadores (PT) e a Organização Não Governamental Rede Brasileira pela Integração dos Povos (Rebrip). No total, a campanha foi composta por cerca de 50 organizações (cf. Quadro 1), com capilaridade em praticamente todo o território nacional e estruturada em um comitê nacional, 27 comitês estaduais e diversos comitês municipais e locais.

---

3 A Campanha Jubileu Brasil integra a Campanha Jubileu Sul, rede ampla e plural de movimentos sociais, organizações populares e religiosas da América Latina e Caribe, África e Ásia, tendo como objetivo lutar pelo cancelamento e repúdio às dívidas externas e pela reparação e restituição do dano que o seu pagamento provoca nos povos empobrecidos.

**Quadro 1 Organizações participantes da CNA**

| Coordenação da Campanha Nacional contra a Alca |
| --- |
| 1) Articulação Nacional das Mulheres Trabalhadoras Rurais (ANMTR) |
| 2) Associação Nacional dos Docentes do Ensino Superior (Andes) |
| 3) Cáritas Brasileira (CNBB) |
| 4) Central dos Movimentos Populares (CMP) |
| 5) Central Única dos Trabalhadores (CUT) |
| 6) Centro de Educação Popular do Instituto Sedes Sapientiae (Cepis) |
| 7) Comissão Pastoral da Terra (CPT/CNBB) |
| 8) Confederação Nacional dos Trabalhadores em Educação (CNTE) |
| 9) Confederação Nacional dos Trabalhadores na Agricultura (Contag) |
| 10) Conselho Federal de Economia |
| 11) Conselho Federal de Engenharia |
| 12) Conselho Federal de Psicologia |
| 13) Conselho Indigenista Missionário (Cimi/CNBB) |
| 14) Conselho Nacional de Igrejas Cristãs (Conic) |
| 15) Consulta Popular |
| 16) Coordenadoria Ecumênica de Serviços (Cese) |
| 17) Federação dos Sindicatos de Engenheiros do Rio de Janeiro (Fisenge) |
| 18) Federação dos Sindicatos de Trabalhadores das Universidades Brasileiras (Fasubra) |
| 19) Federação Nacional dos Advogados |
| 20) Grito dos Excluídos |
| 21) Instituto de Políticas Alternativas para o Cone Sul (Pacs) |
| 22) Marcha Mundial das Mulheres |
| 23) Movimento de Pequenos Agricultores (MPA) |
| 24) Movimento dos Atingidos por Barragens (MAB) |

| |
|---|
| 25) Movimento dos Trabalhadores Rurais Sem Terra (MST) |
| 26) Pastoral da Criança (CNBB) |
| 27) Pastoral do Migrante (CNBB) |
| 28) Pastoral Operária (CNBB) |
| 29) Rede Brasil |
| 30) Rede Brasileira para a Integração dos Povos (Rebrip) |
| 31) Setor Pastoral Social (CNBB) |
| 32) Sindicato Nacional dos Auditores Fiscais da Receita Federal (Unafisco/Sindical) |
| 33) União Brasileira dos Estudantes Secundaristas (Ubes) |
| 34) União Nacional dos Estudantes (UNE) |
| 35) Ação pela Taxação das Transações Financeiras em Apoio aos Cidadãos (Attac) |
| 36) Associação dos Docentes |
| 37) Catholic Relief Service (CRS Brasil) |
| 38) Centro de Estudos Religiosos e Investigações Sociais (Ceris/CNBB) |
| 39) Conferência Nacional dos Leigos (CNL) |
| 40) Conselho Regional de Economia do Estado do Rio de Janeiro (Corecon) |
| 41) Federação dos Órgãos de Assistência Social e Educacional (Fase) |
| 42) Federação dos Trabalhadores Metalúrgicos do Rio Grande do Sul |
| 43) Instituto Brasileiro de Análises Socioeconômicas (Ibase) |
| 44) Instituto Brasileiro de Desenvolvimento Social (Ibrades/CNBB) |
| 45) Juventude Operária Católica |
| 46) Koinonia – Presença Ecumênica e Serviço |
| 47) Missão Urbana e Rural da América Latina |
| 48) Missionários de Maryknoll |
| 49) Partido Comunista do Brasil (PCdoB) |

| 50) Partido dos Trabalhadores (PT) |
|---|
| 51) Partido Socialista Brasileiro (PSB) |
| 52) Partido Socialista dos Trabalhadores Unificados (PSTU) |
| 53) Pastoral da Juventude do Brasil (CNBB) |
| 54) Sindicato dos Aposentados |
| 55) Sindicato dos Economistas do Estado do Rio de Janeiro (Sindecon) |

Fonte: Elaborado pela Campanha Nacional contra a Alca, 2002 (SILVA, 2008).

O plebiscito, realizado durante a semana da Pátria, de 1º a 7 de setembro de 2002, foi um dos momentos mais significativos da CNA, ocorrendo também em outros países do continente. Os números oficiais divulgados pela campanha somam o total de 10.234.143, com 46.475 urnas apuradas e participação de 120.860 voluntários. O plebiscito abordou três questões: 1) O governo brasileiro deve assinar o tratado da Alca? 2) O governo brasileiro deve continuar participando das negociações da Alca? 3) O governo brasileiro deve entregar parte de nosso território – a Base de Alcântara – para controle militar dos Estados Unidos?

A questão 3 foi a que obteve maior percentual da resposta **Não** (98,59%). Essa foi a pergunta mais direta no tocante à soberania nacional, apelo principal da campanha. A questão 1 foi a segunda a obter mais votos contrários (98,32%), sendo a questão mais direta sobre a aceitação ou não da Alca, também com grande votação e uma diferença ínfima de 0,27% em relação à questão 3. A questão 2 foi a que teve menos votos contrários (95,93%). Segundo depoimentos de integrantes da campanha, essa questão foi a mais polêmica, pois as pessoas colocavam em dúvida se o Brasil poderia continuar participando das negociações sem comprometer a sua autonomia.

O plebiscito popular foi uma etapa importante, mas a campanha não se encerrou com a sua votação. Os integrantes passaram a participar também dos espaços de poder instituídos com o objetivo de pressionar pela não assinatura do acordo e pela realização de um plebiscito oficial sobre a Alca e não propriamente com o intuito de participar das negociações para o aperfeiçoamento do acordo.

As entidades participavam tanto das mobilizações de rua em eventos paralelos durante as negociações oficiais como, a partir de 2003, da Seção Nacional de Coordenação dos Assuntos Relativos à Alca do MRE (Senalca), e da própria delegação oficial brasileira nas reuniões ministeriais da Alca. Essas reuniões aglutinavam ministros de relações exteriores dos 34 países do continente americano para discutir os resultados do trabalho dos nove grupos de negociação: acesso a mercados, agricultura, investimentos, subsídios, *antidumping* e medidas compensatórias, compras governamentais, direitos de propriedade intelectual, serviços, políticas de concorrência e solução de controvérsias.

Houve uma interlocução intensa entre os representantes da CNA e do governo, sobretudo via MRE, com audiências formais e informais, mas os militantes da campanha queriam uma interlocução direta com o Presidente Lula da Silva, porque se tratava, na avaliação deles, de um presidente "eleito pelos movimentos sociais". Como a campanha nunca foi recebida, houve certa frustração dos militantes no tocante à relação com o Poder Executivo.

O Parlamento brasileiro foi outro espaço aproveitado pela CNA por meio da criação de uma Frente Parlamentar de Acompanhamento à Alca em junho de 2003. Na concepção de alguns entrevistados, o principal resultado da relação da campanha com os parlamentares foi o arquivamento do Acordo da Base Militar de Alcântara aos Estados Unidos, em que, para eles, a pressão da campanha foi fundamental. Em maio de 2000 o governo brasileiro assinou o Acordo de Salvaguardas Tecnológicas com Washington, garantindo aos Estados Unidos o direito de usar a Base Militar de Alcântara, no Maranhão. Em março de 2002, o acordo foi encaminhado à Comissão de Constituição e Justiça e de Cidadania, da Câmara dos Deputados, sendo posteriormente arquivado.

A CNA acompanhou o andamento das negociações no continente, via MRE, até a interrupção das reuniões ministeriais. Depois de dez anos de negociação, a Alca, prevista para ser assinada em janeiro de 2005, não foi adiante. Em novembro de 2006 a campanha foi deixada em compasso de espera, mas o tema da Alca continuou sendo acompanhado por outras organizações, como a Aliança Social Continental e a Rebrip. A partir de então a ênfase seria dada ao tema da integração regional em consonância com a Campanha Continental e com as ações do movimento global por uma nova globalização.

## Redes de movimentos sociais

No início deste milênio os movimentos sociais no Brasil se organizam em torno de eixos temáticos, como aqueles contra as políticas neoliberais e os efeitos da globalização (GOHN, 2003). Neste caso, a campanha contra a Alca se inseriria no chamado Movimento Antiglobalização, que neste trabalho será tratado por Movimento por uma Nova Globalização (MNG). Este se revela distinto dos outros movimentos sociais existentes no século XX porque nega a forma como a ordem capitalista instituída vigente se reproduz e não a ordem em si, além de ser movido para a busca de soluções alternativas aos problemas sociais e à própria preservação da vida no planeta. Ou seja, "o Movimento Antiglobalização é, em si, um novo ator sociopolítico e está recolocando o tema do sujeito no processo de mudança social, um sujeito político configurado de forma nova, plural e fragmentado pela diversidade de frentes que abrange" (p. 49).

Uma das características principais do MNG é a atuação em rede. A existência dessas redes, sobretudo àquelas conectadas à internet, tem provocado um redimensionamento das distâncias e uma reterritorialização das ações coletivas, que muitas vezes acontecem em localidades distantes do lugar de origem dos grupos e movimentos sociais. O MNG tem demonstrado uma capacidade de organização dessas ações, inclusive com resultados palpáveis, como foi a "batalha de Seattle", em que os manifestantes vindos de diversos países tumultuaram a realização da reunião da Organização Mundial do Comércio (OMC).

No caso da Campanha Continental contra a Alca, várias foram as manifestações paralelas às cúpulas das Américas e às reuniões ministeriais das negociações da Alca em diversos países do hemisfério. No entanto, o movimento em rede não é caracterizado apenas em função das conexões provocadas pelas tecnologias de comunicação, mas da sua composição variada de entidades e movimentos. A CNA, por exemplo, é composta por uma rede de organizações, movimentos sociais, políticos, religiosos e sindicais, bem como partidos políticos, e faz parte da Campanha Jubileu Sul, uma das redes que integra o MNG. Trata-se, portanto, de uma "rede de movimentos sociais", como define Sherrer-Warren.

Segundo Sherrer-Warren (1993), é preciso passar da análise das organizações sociais específicas, fragmentadas, para a compreensão do movimento real que ocorre na articulação destas organizações nas redes de movimentos. Também é necessário entender as interconexões de sentido entre o local e o global. Trata-se de uma nova cultura política que tem levado os movimentos locais a alargarem a sua visão e a unificarem as suas forças em frentes comuns de ação, permitindo confrontar uma pluralidade de orientações e atores políticos, o que aponta para o pluralismo democrático, elemento central para a democracia participativa e radical.

No conceito da autora, "rede de movimento social pressupõe a identificação de sujeitos coletivos em torno de valores, objetivos ou projetos comuns, os quais definem os atores ou situações sistêmicas antagônicas que devem ser combatidas e transformadas" (2006: 113). Sherrer-Warren (2002) também orienta que as redes só se constituem movimento social à medida que são reativas às contradições sistêmicas e buscam superar esses limites. É nesse sentido que a rede pode assumir um caráter "propositivo", tendo em vista seu efeito multiplicador e difusor de novos valores e de empoderamento dos movimentos. Nessa ótica, a rede pode desempenhar um papel estratégico, organizando, articulando e fortalecendo o movimento na sociedade civil e na relação com e contra outros poderes instituídos.

Para Sherrer-Warren (1998), a sociedade civil organizada do novo milênio tende a ser uma sociedade de redes organizacionais, interorganizacionais, de movimentos e de formação de parcerias entre as esferas públicas, privadas e estatais, criando novos espaços de governança com o crescimento da participação cidadã. As redes de movimentos sociais possibilitam, nesse contexto, a transposição de fronteiras territoriais, temporais e sociais. Estas últimas compreendem o pluralismo de concepções de mundo dentro de determinados limites éticos, o respeito às diferenças e a radicalização da democracia por meio do aprofundamento da autonomia relativa da sociedade civil organizada. Essa seria a nova utopia do ativismo: mudanças com engajamento com as causas sociais dos excluídos e discriminados e em defesa da democracia na diversidade.

Alberto Melucci (2001) caracteriza os movimentos nas sociedades complexas como redes submersas de grupos, de pontos de encontro e de circuitos de solidariedade que diferem "profundamente" da imagem do ator coletivo politicamente organizado. Segundo ele, a forma mais adequada às características dos movimentos sociais contemporâneos parece ser a da campanha ou mobilização em vista de objetivos. No caso do Brasil, a CNA, ao mesmo tempo em que atuava como um movimento social caracterizava-se como uma campanha por realizar ações de mobilização em torno do tema específico da Alca, com objetivos bem-definidos.

Outra característica do MNG é a prática da democracia participativa, aquela que reclama a participação cidadã na construção do próprio processo democrático. Segundo Gohn, a participação cidadã funda-se também numa concepção democrática radical cujo objetivo é fortalecer a sociedade civil para construir ou apontar caminhos para uma nova realidade social, sem desigualdades ou exclusões. Neste caso, a participação passaria a ser concebida como uma intervenção social periódica e planejada, ao longo de todo circuito de formulação e implementação de uma política pública.

Por essa razão, a autora argumenta que os movimentos passaram a atuar em rede e em parceria com outros atores sociais "dentro dos marcos da institucionalidade existente e não mais à margem, de costas para o Estado, somente no interior da sociedade civil, como no período anterior, na fase ainda do regime militar. A nova fase gerou práticas novas, exigiu a qualificação dos militantes. Ongs e movimentos redefiniram seus laços e relações" (2003: 30). Para ela, foram essas redes que criaram o novo movimento social contra a globalização predominante.

Esse novíssimo ator sociopolítico tem como uma de suas bandeiras a participação democrática nas decisões que dizem respeito a todos os cidadãos. Essa demanda, no que se refere ao MNG, surge principalmente diante da falta de transparência nos mecanismos decisórios, como afirma Della Porta, particularmente "sigilosos" no caso da OMC e do FMI, "que não apenas não oferecem canais de acesso a organizações da sociedade civil, mas mantêm em segredo as suas decisões políticas e, inclusive, até há pouco tempo, seu organograma" (2007: 75).

Para Della Porta, a denúncia de um "déficit democrático" das estruturas supranacionais de governo não se conjuga, porém, com uma solicitação de mero fortalecimento da soberania dos Estados nacionais. Os vários integrantes do movimento concordam sobre a necessidade de conceber uma política diferente, baseada em um amplo envolvimento dos cidadãos, não só durante os períodos eleitorais, e um modelo de decisão baseado no consenso. As propostas apresentadas pelos ativistas não se voltam apenas contra o caráter neoliberal imposto ao desenvolvimento econômico global, mas põem o problema da participação democrática nos processos de globalização.

## "Pequenas ondas fazendo uma grande"

Pelas características da maioria das organizações-movimento integrantes da Campanha Nacional contra a Alca, percebe-se que se trata de uma rede plural, mas com algumas semelhanças entre elas. A principal é a própria organização em rede, observando-se que a maior parte atua em âmbito nacional. Mesmo a Rebrip, que não possui representação estadual, é uma articulação de Ongs, movimentos, entidades e associações, composta por 42 membros, que também fazem parte de outras redes e organizações. O mesmo ocorre com a ASC, movimento formado por mais de 50 organizações e redes da América Latina.

No caso da CNA, pode-se considerar que se trata de uma rede de movimentos sociais dentro do conceito trabalhado por Ilse Scherer-Warren, de ser uma articulação de entidades e movimentos unida por uma frente comum de ação, no caso, a luta contra a Alca. Outro elemento que também proporciona uma unidade a essa rede é a construção de uma nova sociedade, com base em três pilares: democracia, justiça social e solidariedade. Foi possível observar que a organização, quando não explicita essa missão, a incorpora quando se engaja na campanha, por acreditar que a Alca representa a negação dessa nova sociedade.

O fato de ser uma campanha nacional e global foi outro elemento mobilizador. "Era uma frente ligada a outras frentes", comenta um dos participantes. Para alguns deles, a força da campanha estava na unidade, pois não se tratava de uma luta isolada. Essa ideia de rede foi motivadora para quem participava dos comitês, e em função disso se trabalhava com as bases questões "micro e macro", como demonstram alguns entrevistados.

Na opinião de Fernanda Baggio (Comitê PR), um fator fundamental foi a possibilidade de se criar redes, "a gente via aquela teia se formando, era uma alegria! Eu lembro depois que terminou a campanha, que manter essa teia alimentada de informações era a grande proposta de a gente realmente se sentir comunidade". Para Ruthleide Matos (Comitê PA), a grande motivação para participar da CNA "foi compor uma frente que se junta a outras pequenas frentes no Brasil como um todo. Lá, na época, alguém dizia que éramos pequenas ondas fazendo uma grande".

Segundo o Padre Alfredo Gonçalves, do Setor Pastoral Social/CNBB, os espaços como o Fórum Social Mundial e o Grito dos Excluídos Continental, dentre outros, facilitavam a discussão entre o local e o global. Ele afirma que "a década de 1990 serviu muito para criar espaços de convergências, onde a discussão não era particular, mas global. Então houve uma ligação entre o local e o global, entre o movimento e a rede. Você passa de uma visão particularista para uma visão mais latino-americana, mais mundial".

Outra discussão que surgiu é de que antes havia uma articulação entre Ongs e centrais sindicais na América Latina provocada pela resistência ao Nafta, mas era "um circuito mais restrito", segundo afirma Paulo Maldos (Cimi/Cepis). Foi a partir da Campanha Continental contra a Alca e com a realização, principalmente dos Encontros Hemisféricos, que esse intercâmbio se intensificou. Nos termos de Maldos, "a campanha ajudou a radicalizar em relação à Alca, ajudou a integrar. O pessoal sentia que tinha um clima latino-americano contra a Alca".

Fátima Mello também confirma esse marco. Segundo ela, é possível contar a história da América Latina antes e depois da campanha contra a Alca: "Antes estávamos dispersos e fragmentados, à mercê da pauta neoliberal, com ações de resistência muito fragmentadas, isoladas. Quando nos foi dada a pauta 'Alca: o inimigo comum ataca', a gente se unificou para fazer o movimento regional renascer".

Para Gonzalo Berrón (ASC), o redimensionamento da política na região latino-americana e também das ações dos movimentos sociais se deu no marco da globalização neoliberal. Segundo ele, a Campanha Continental contra a Alca teve sua parcela de contribuição, principalmente a campanha brasileira, com a invenção do plebiscito popular: "A consulta foi um invento que realmente ajudou na articulação de tudo".

João Pedro Stédile (MST) ressalta as diferenças das ações entre os países das Américas, mas comenta que houve uma característica comum no enfrentamento à Alca: as "pedagogias de massas", por meio das consultas populares. Além do mais, o trabalho em rede facilitou a integração, sobretudo, com os Encontros Hemisféricos, pois em cada país houve uma sensibilização de acordo com as características de cada sociedade. "Nós fazíamos reuniões continentais e encontros de redes mais específicas, como a Coordenação Latino-Americana de Organizações do Campo (Cloc). A rede americana do Jubileu Sul também contribuiu muito, porque já tinha um acúmulo de articulação em torno da dívida externa."

A interpenetração da CNA com as redes hemisféricas e mundiais, a exemplo da Campanha Continental contra a Alca e da Rede Jubileu Sul, a tornava pertencente ao Movimento por uma Nova Globalização. Um aspecto facilitador dessa integração foi a criação de espaços de convergência, como dito pelos entrevistados, com a discussão de pautas globais e de metas comuns, como o Fórum Social Mundial, o Fórum Social das Américas, o Grito dos Excluídos Continental, os Encontros Hemisféricos de Luta contra a Alca e a Cúpula dos Povos.

### Movimento nacional e integração latino-americana

O fato de o acordo da Alca não ter sido concretizado foi um dos grandes resultados obtidos pela Campanha Nacional contra a Alca. Mas, para a maior parte dos entrevistados, o principal ganho da CNA foi a construção de um movimento nacional e continental, o qual propiciou o início de uma integração latino-americana. Essa conquista se deu, segundo eles, porque houve um processo de mobilização popular na base da sociedade brasileira, fruto de um extenso trabalho educativo sobre o tema da Alca.

Na perspectiva dos entrevistados, o principal resultado da Campanha Nacional contra a Alca foi o fortalecimento do movimento social brasileiro, principalmente a partir do processo de formação que o plebiscito proporcionou. No geral, para esses militantes da campanha, os cursos massivos e a politização provocada com o debate realizado em torno do tema da Alca foram fundamentais para robustecer o movimento social.

Um outro aspecto abordado foi que não houve apenas uma aproximação entre movimentos sociais, mas também entre governos. O movimento teria influenciado o processo eleitoral de alguns países e influenciado, inclusive, o presidente da Venezuela, Hugo Chavez, que recusou a Alca abertamente. No caso do Brasil, segundo os militantes, também houve uma influência da Campanha contra a Alca no processo eleitoral de 2002.

Esse entendimento de que a Campanha Nacional contra a Alca conseguiu fazer uma mudança social por meio da democracia, primeiro ocupando a esfera pública com o debate da Alca, depois influenciando no processo eleitoral de vários países do continente, demonstra que esse casamento entre democracia participativa e representativa representa um novo contexto.

O resultado não foi exatamente o esperado pelos participantes da CNA, que era a retirada do Brasil das negociações da Alca e não a sua suspensão. Na visão deles o governo do Presidente Lula, eleito com a ajuda dessa mesma campanha, poderia ter promovido essa retirada. Contudo, essa conclusão não desencantou os participantes da campanha. Para eles, o grande êxito alcançado foi a realização de uma mobilização nacional que debateu um tema árido e complexo.

Para os militantes, as ações da Campanha contra a Alca levaram a uma quebra da hegemonia neoliberal em torno do debate do livre-comércio, o que tornou possível "vencer a batalha, mas não a guerra". Outros ganhos foram se configurando, como o fortalecimento do movimento social, tanto nacional como continental. Dessa forma foi possível construir uma integração latino-americana.

A despeito de não se saber ao certo qual foi a influência da CNA no desfecho das negociações da Alca, o principal resultado foi a participação, o diálogo, a formação política. Em outras palavras, a ação e o agir coletivo. Pode-se falar de um resgate da esfera pública por meio da luta social. E esse feito ocorreu para além dos espaços institucionais, a exemplo da realização do plebiscito popular e dos diversos encontros hemisféricos, mas também com a ocupação desses espaços, com a clara intenção de realizar uma revolução democrática.

## Referências

ARENDT, H. (2003). *A condição humana*. Rio de Janeiro: Forense Universitária.

GOHN, M.G. (2010). *Movimentos sociais e redes de mobilizações civis no Brasil contemporâneo*. Petrópolis: Vozes.

______ (2003). *Movimentos sociais no início do século XXI*: antigos e novos atores sociais. Petrópolis: Vozes.

MELUCCI, A. (2001). *A invenção do presente*: movimentos sociais nas sociedades complexas. Petrópolis: Vozes.

PORTA, D. (2007). *O movimento por uma nova globalização*. São Paulo: Loyola.

SCHERRER-WARREN, I. (2006). "Das mobilizações às redes de movimentos sociais". *Sociedade e Estado*, vol. 21, n. 1. Brasília: UnB.

______ (2002). "Redes e sociedade civil global". In: HADDAD, S. (org.). *Ongs e universidades*. São Paulo: Abong/Peirópolis.

______ (1998). "Ações coletivas na sociedade contemporânea e o paradigma das redes". *Sociedade e Estado*, vol. 13, n. 1. Brasília: UnB.

______ (1993). *Redes de movimentos sociais*. São Paulo: Loyola.

SILVA, S.A.M. (2008). *Ganhamos a batalha, mas não a guerra* – A visão da Campanha Nacional contra a Alca sobre a não assinatura do acordo. Brasília: UnB [Tese de doutorado].

12

# Entre o nacional e o transnacional

## O caso das organizações da agricultura familiar no Mercosul

*Marisa von Bülow*
*Priscila Delgado de Carvalho*

Nas últimas duas décadas o fenômeno da transnacionalização da sociedade civil tem capturado a imaginação tanto de ativistas como de pesquisadores. A possibilidade de criação de uma "sociedade civil global" que faça frente ao crescente poder de empresas multinacionais e a um suposto déficit democrático do processo de globalização tem gerado interesse crescente pelo tema na opinião pública de forma geral. No mundo acadêmico a literatura tem buscado mapear as redes transnacionais criadas e analisar as suas potencialidades. No entanto, ainda sabemos pouco sobre por que e como organizações da sociedade civil decidem agir além das fronteiras nacionais. Em especial, sabemos pouco sobre a participação desses atores em fóruns multilaterais ao lado de representantes governamentais.

O objetivo deste capítulo é contribuir para preencher essa lacuna por meio da análise da participação de organizações da sociedade civil brasileira e paraguaia na Reunião Especializada sobre Agricultura Familiar (Reaf). A Reaf é um fórum criado em 2004 no âmbito do Mercado Comum do Sul (Mercosul), cujos objetivos são "fortalecer as políticas públicas para o setor, promover o comércio dos produtos da agricultura familiar e facilitar a comercialização dos produtos oriundos da agricultura familiar da região" (MERCOSUL, 2004). Participam da Reaf representantes dos Estados-membros do Mercosul (Argentina, Brasil, Paraguai e Uruguai) e sindicatos, movimentos sociais, redes e organizações não governamentais desses países.

O caso da Reaf é especialmente interessante porque, em comparação com outras instâncias do Mercosul, é uma das mais abertas à participação da sociedade civil, que não somente acompanha os debates, mas é "sujeito central na construção da agenda" (ALEMANY & LEANDRO, 2006: 16). Escolhemos analisar especificamente a participação de organizações da sociedade civil brasileiras e paraguaias porque ilustram a variedade de motivações e de estratégias dos participantes da Reaf. Além disso, no âmbito do Mercosul, Brasil e Paraguai representam dois extremos no que se refere à implementação de políticas voltadas para a agricultura familiar, sendo o Brasil o caso com políticas mais consolidadas e o Paraguai o caso mais incipiente.

Argumentamos que a análise da participação na Reaf a partir de 2004 permite diferenciar dois grupos: aquelas organizações que utilizam o fórum prioritariamente como "bumerangue" para influenciar atores e processos em escala doméstica, e aquelas que o utilizam prioritariamente como "trampolim" para elevar temas e ideias do nível doméstico para o transnacional. Essas formas de atuação refletem estratégias diferentes, que são fruto principalmente da avaliação de oportunidades políticas. Estas, por sua vez, têm a ver com as trajetórias específicas de cada um dos atores. De forma mais geral, argumentamos que participar de fóruns internacionais não é consequência automática de um processo de integração regional (ou de globalização). De fato, como veremos, nem todos os movimentos sociais rurais participam da Reaf. Entre aqueles que decidem participar, essa decisão é resultado de um processo complexo de interpretação sobre qual é o melhor caminho a ser seguido para ir além das fronteiras nacionais.

Este capítulo se baseia em ampla pesquisa empírica. Entre março e dezembro de 2010 realizamos trinta e uma entrevistas com atores da sociedade civil e com funcionários governamentais do Ministério do Desenvolvimento Agrário e do Ministério das Relações Exteriores, no Brasil, e do Ministério da Agricultura e Pecuária, no Paraguai. Além disso, entre outubro de 2008 e novembro de 2010, assistimos a cinco reuniões da Seção Nacional brasileira da Reaf, uma reunião da Seção Nacional paraguaia e duas reuniões regionais (a XII e a XIV Reafs). Por meio da observação participativa pudemos identificar atores, ter acesso a documentos, acompanhar os debates e, assim, conhecer mais profundamente a dinâmica de negociação e de tomada de decisões. De forma complementar, nos baseamos na análise de atas de reuniões e documentos elaborados pelos atores[1].

## Caminhos para o transnacionalismo e oportunidades políticas

Atores da sociedade civil podem utilizar múltiplos "caminhos para o transnacionalismo", ou seja, podem adotar múltiplas maneiras para participar de debates, ações e processos que os levam além das fronteiras nacionais, sem que necessariamente abram mão da atuação doméstica (VON BÜLOW, 2010, esp. cap. 2). Não há, nesse sentido, uma fronteira que divida de maneira clara a ação coletiva doméstica e a ação coletiva transnacional. De fato, parte importante do desafio enfrentado pelos estudiosos da ação coletiva transnacional tem sido compreender como e por que atores da sociedade civil às vezes "internalizam" temas e demandas internacionais, e às vezes os "externalizam" (IMIG & TARROW, 2001; TARROW, 2005).

1 Para uma análise mais ampla sobre a participação de organizações da sociedade civil na Reaf, cf. Carvalho, 2011.

Neste capítulo enfatizamos que, para compreender as motivações e as estratégias dos atores, é fundamental analisar como interpretam o seu contexto político, ou como avaliam as "estruturas de oportunidades políticas". Oportunidades políticas são definidas por Sidney Tarrow como "dimensões consistentes – mas não necessariamente formais, permanentes ou racionais – da luta política que encorajam as pessoas a se engajar no confronto político" (TARROW, 2009 [1998]: 38). No entanto, a estrutura de oportunidades políticas não é um dado objetivo da realidade que tem impactos idênticos nos diferentes atores. Como já foi ressaltado por muitos pesquisadores, o que importa é entender como os atores, a partir da sua própria trajetória, percebem a existência (ou não) de oportunidades políticas[2]. Ao mesmo tempo, essa percepção pode ser alterada a partir da interação dos atores. No caso do Mercosul, as oportunidades políticas podem abrir-se em diferentes escalas – doméstica e regional – e a interação também ocorre tanto no âmbito de cada país como nas redes transnacionais e nos fóruns regionais.

A participação de movimentos sociais rurais no processo de integração deve ser vista no contexto de um processo anterior, pelo qual os movimentos sociais rurais vêm ganhando centralidade em negociações internacionais. A Via Campesina, aliança global de camponeses criada em 1993, é, sem dúvida, sua expressão mais conhecida, mas existem muitos outros exemplos de ação coletiva rural. Em que pese a sua crescente importância, de acordo com Borras Jr., Edelman e Kay, o que denominam de "movimentos transnacionais agrários" tem sido objeto de pouco exame sistemático (2008: 179-180). Em especial, há poucos estudos sobre a maneira como os movimentos se aliam ou competem e como se dá a

2 Há uma ampla literatura que critica o uso mecânico do conceito de estrutura de oportunidades políticas e enfatiza as diferentes maneiras como os atores da sociedade civil percebem o mesmo contexto político. Cf., p. ex., Von Bülow, 2010; Jasper, 2009; Goodwin e Jasper, 1999.

conexão entre os níveis de ação local, nacional e internacional. A partir do caso da Reaf, este capítulo contribui para analisar como os atores da sociedade civil vinculam essas várias escalas de atuação.

## O processo de criação da Reaf

Quando o processo de integração dos países do Cone Sul foi formalmente lançado, por meio do Tratado de Assunção assinado em 1992, diversos grupos sociais do campo organizaram-se para incidir sobre o bloco. Riella (2002) identifica quatro grupos que se mobilizaram nesse momento: fazendeiros e criadores de gado; empresários agrários; agricultores familiares e assalariados rurais (p. 10). A partir da "Coordinación Agrícola del Cono Sur" (Conasur), os grandes produtores rurais demandavam, em linhas gerais, que o Mercosul não impusesse travas à liberalização dos mercados agrícolas em curso na região (p. 6). Inicialmente, sindicatos e associações de pequenos e médios produtores participaram dessa aliança. Entretanto, ainda no início da década de 1990 decidiram que esta não representava as suas demandas e buscaram uma articulação alternativa (p. 7).

O novo espaço criado foi a Confederação das Organizações de Produtores Familiares do Mercosul (Coprofam). Em 2010, eram filiadas à Coprofam doze organizações dos quatro países-membros do Mercosul e também do Chile e da Bolívia. De forma geral, essas organizações já se conheciam de longa data. No entanto, a partir do processo de integração, a colaboração entre elas mudou de foco – da garantia dos direitos humanos e da luta pela democracia, para incidir no processo de integração – e foi institucionalizada por meio da criação da coalizão. A avaliação dos seus integrantes era de que o Mercosul teria impacto sobre diversas cadeiras produtivas importantes para a agricultura familiar. Por isso, as organizações deveriam estar preparadas para enfrentar esse desafio e para demandar dos governos da região políticas públicas de apoio às suas atividades (COPROFAM, 1996: 1).

A partir de sua criação, a Coprofam vem sendo, em boa medida, o ator responsável pela difusão da ideia de agricultura familiar no bloco. No entanto, não havia, nas instituições do Mercosul, espaço específico para debater o tema. Após a eleição do Presidente Luiz Inácio Lula da Silva, no Brasil, uma convergência de vontades e interesses entre setores do governo brasileiro – em especial o Ministério do Desenvolvimento Agrário (MDA) e o Ministério das Relações Exteriores (MRE) – e um grupo de sindicatos rurais e movimentos do campo, permitiu a criação da Reaf. O MDA entendia que a criação da instância fortaleceria a visão de que a política externa deveria ser coerente com as políticas nacionais de apoio à agricultura familiar e serviria para apresentar alternativas concretas ao modelo de integração proposto no âmbito das negociações da Área de Livre Comércio das Américas (Alca)[3]. Por sua vez, a Coordenação Geral de Ações Internacionais de Combate à Fome (CGFome), no MRE, avaliava que a articulação internacional em torno da agricultura familiar contribuiria para fortalecer a política de combate à fome estabelecida pelo presidente no início do seu mandato[4]. A Reaf foi finalmente criada em 2004, com uma seção regional, que agrupa representantes de organizações da sociedade civil e dos governos dos quatro países, e seções nacionais, que reúnem esses dois grupos de atores em nível doméstico.

A história da criação da Reaf, apresentada de forma resumida acima, indica que a mudança na estrutura de oportunidades políticas ocorrida no Brasil a partir da eleição de um novo governo foi central para possibilitar o surgimento desse novo fórum. Entretanto, também é preciso enfatizar que isso só ocorreu porque havia uma mobilização prévia, por parte de um conjunto de movimentos do campo, que buscava incidir no processo de integração.

---

3 Entrevista com Laudemir Müller, MDA, Brasília, 29/11/10.

4 Entrevista com Milton Rondó, MRE, Brasília, 05/07/10.

### A participação na Reaf

Quando a Reaf foi criada, além das organizações-membros da Coprofam os governos convidaram outras organizações nacionais para participar. No entanto, a Reaf não reúne todas as organizações e movimentos sociais do campo. No caso brasileiro, não participam atores importantes, como o Movimento dos Trabalhadores Rurais Sem Terra (MST), o Movimento dos Pequenos Agricultores (MPA) e o Movimento das Mulheres no Campo (MMC). No caso paraguaio, não participam os dois principais movimentos camponeses paraguaios: a Federação Nacional Camponesa (FNC) e a Mesa Coordenadora Nacional de Organizações Camponesas (MCNOC). Estas organizações avaliam que o Mercosul em geral, e a Reaf em particular, não são os fóruns adequados para apresentar suas demandas. Estes atores não compartilham da posição política da Coprofam, de que é preciso participar das instâncias do Mercosul para transformar o processo de integração. Por exemplo, em 1998 a FNC se desfiliou da Coprofam porque decidiu defender a saída do Paraguai do bloco (COPROFAM, 2005: 6).

Vai além dos objetivos deste capítulo uma análise mais detalhada sobre essas diferentes posições, mas o fato de que vários atores importantes decidiram não participar da Reaf reforça o argumento já apresentado de que, frente a um mesmo contexto político nacional e regional, os diferentes atores da sociedade civil podem optar por estratégias muito diferentes. Como veremos ao longo desta seção, mesmo entre aqueles que compartilham uma mesma visão política geral sobre o Mercosul, as motivações para participar podem ser bem diferentes.

Em 2010, participavam das reuniões regionais da Reaf cinco organizações brasileiras e três paraguaias[5]. As organizações brasileiras são de três tipos: organizações sindicais rurais de

5 Para a pesquisa foram entrevistadas todas as organizações brasileiras e paraguaias que participaram da segunda reunião regional de 2009 e das duas de 2010.

abrangência nacional (a Confederação Nacional dos Trabalhadores na Agricultura - Contag - e a Federação dos Trabalhadores na Agricultura Familiar - Fetraf); organizações de abrangência subnacional (o Movimento Interestadual das Quebradeiras de Coco de Babaçu - MIQCB, o Movimento de Mulheres Trabalhadoras Rurais do Nordeste - MMTR-NE e a Confederação Nacional de Populações Extrativistas - CNS); e redes e organizações de assessoria, como a Rede Brasileira pela Integração dos Povos (Rebrip) e o Departamento de Estudos Socioeconômicos (Deser). Para os fins deste capítulo foram incluídos na análise apenas os dois primeiros tipos de atores, que são as organizações representativas de trabalhadores rurais.

As organizações paraguaias que participam das seções regionais da Reaf dividem-se entre as denominadas no país de *gremiales* e aquelas que reúnem as cooperativas, um setor economicamente importante e fortemente organizado no Paraguai. Das duas organizações gremiais que participam da Reaf, a mais expressiva é a Organização Nacional Camponesa (Onac), a terceira organização em tamanho do país. De acordo com seus dirigentes, ela congrega 15 mil camponeses por meio de federações regionais, associações de artesãos, cooperativas e organizações comunitárias. A segunda organização gremial é a União Agrícola Nacional (UAN), criada em 1992. A UAN aglutina cerca de 1.200 famílias por meio de organizações locais, associações comunais e pequenas cooperativas. Além da Onac e da UAN, participa da Reaf a Central Paraguaia de Cooperativas (Cepacoop), uma federação nacional que reúne cerca de 500 famílias produtoras rurais. Por parte do Paraguai não participam Ongs e nem redes ou organizações de assessoria.

O termo *gremial*, em espanhol, equivale a sindical, em português. Entretanto, é preciso considerar as especificidades das organizações em cada país, sobretudo em termos de institucionalização, de tamanho (quantidade de associados) e de recursos financeiros disponíveis. Não há, no Paraguai, contribuição sindical obrigatória, e, juntas, Onac e UAN reúnem pouco mais de 16 mil famílias. Em que pesem as diferenças de tamanho da população[6], no Brasil há, segundo a Contag, 27 federações de âmbito estadual, que reúnem cerca de 4 mil sindicatos rurais e 20 milhões de trabalhadores e trabalhadoras do campo, um formato mais estruturado e capilarizado do que o encontrado no país vizinho. Sindicatos brasileiros são reconhecidos oficialmente pelo Estado brasileiro e são mantidos por meio de contribuição sindical obrigatória, o que dota as organizações de recursos para atuação.

*Entre o nacional e o transnacional*

Mais importante ainda do que comparar o tamanho e estrutura das organizações brasileiras e paraguaias, para explicar a variação nos objetivos e estratégias desses atores no âmbito da Reaf é importante considerar as diferenças em termos do avanço nas políticas nacionais de apoio à agricultura familiar em cada país. Enquanto no Brasil o Programa Nacional de Agricultura Familiar (Pronaf) foi instituído em 1996, no Paraguai o termo "agricultura familiar" só foi inserido no Estatuto Agrário aprovado em 2002 (Paraguai 2002, artigo 2). No entanto, o artigo que se refere ao tema "não chegou a ser regulamentado, dificultando assim a adequação dessa categoria na estrutura agrária do país" (ALMADA & BARRIL, 2006: 10).

Portanto, para a Onac, UAN e Cepacoop, a Reaf representa um âmbito no qual podem pressionar o governo nacional a implementar novas políticas, utilizando-o prioritariamente como um bumerangue que vai do doméstico para o regional e regressa para o doméstico. Para as organizações brasileiras, que já conseguiram a institucionalização de um programa de apoio à agricul-

6 A população paraguaia, em recenseamento de 2010, era de 6,38 milhões de pessoas, 59% vivendo em espaços urbanos e 41% no meio rural (PARAGUAI, 2010). No mesmo ano, a população brasileira recenseada era de 190 milhões de habitantes, com 84,4% de urbanização (BRASIL, 2010).

tura familiar no âmbito doméstico, a Reaf é utilizada prioritariamente como trampolim que permite levar ideias e políticas do doméstico para o regional.

### Bumerangue: a Reaf como espaço para pressionar o governo nacional

É a partir do debate sobre uma definição comum de agricultura familiar, no âmbito da Reaf, que o Estado paraguaio começa a desenvolver políticas públicas especificamente para esse setor. A Resolução n. 25 de 2007 estabeleceu uma série de critérios para definir o que pode ser considerado agricultura familiar no Mercosul. No mesmo ano, o Paraguai iniciou a implementação do Registro Nacional da Agricultura Familiar (Renaf). O passo seguinte foi o lançamento do Pronaf paraguaio, em 2009. Pressionar o governo paraguaio para que desse esses passos tem sido o objetivo prioritário das organizações que participam da Reaf. De acordo com Luiz A. Ovidedo, da Cepacoop:

> Deu-se muita importância à agricultura familiar por causa da Reaf. Antes éramos chamados de agricultores. Era mais ou menos algo depreciativo, algo que não serve, mas agora já se dá muita importância. O mais importante, se tomado seriamente, é que em algum momento se institucionalize a agricultura familiar, que haja uma secretaria [...][7].

A ideia de que, "quando nos falta aqui [no Paraguai], vamos pedir lá [no Mercosul]"[8], sintetiza a visão de que, frente a uma estrutura de oportunidades políticas vista como relativamente fechada no nível doméstico, um conjunto de atores resolve aproveitar uma estrutura de oportunidades políticas mais aberta no nível regional. A atuação regional, nesse sentido, não substitui e nem cancela o

---

7 Entrevista com Luiz A. Ovidedo, Cepacoop, Assunção, 08/09/10.

8 Entrevista com Gabino Medina, Onac, Assunção, 08/09/10.

ativismo doméstico, mas é usada como complemento, sendo que a mudança nas políticas nacionais é a prioridade política. Outras declarações dos entrevistados permitem compreender essa visão:

> Para nós, a Reaf é o único espaço de diálogo político que temos entre a sociedade civil e o Estado, o governo [paraguaio]. É onde apresentamos nossas posições[9].

> Primeiro, fala-se de acesso à terra. A Onac luta por obter acesso à terra para camponeses produtores. Depois, o comércio internacional poder vender a produção a outros países, exportar[10].

> Quando viemos [para a Reaf], acreditamos que iria se transformar em uma questão imediata, iria atender aos pequenos agricultores tecnicamente, com crédito para a produção, apoiando a exportação, a comercialização de nossos produtos[11].

Temas que demandam soluções conjuntas dos países do bloco – como o contrabando nas regiões de fronteira – também estão presentes nas entrevistas com as organizações paraguaias. Entretanto, as falas evidenciam a prevalência das pautas nacionais – acesso à terra e a políticas públicas de incentivo à produção, além de valorização do conjunto de agricultores familiares. Ao caracterizar essa estratégia de atuação como um "bumerangue", nos apoiamos no argumento de Keck e Sikkink (1998), que usaram esse termo para descrever como organizações de base nacional recorrem a aliados internacionais para influenciar o governo doméstico em casos nos quais o diálogo com seu governo está bloqueado. No modelo, redes transnacionais divulgam as demandas e denúncias, pressionam organizações intergovernamentais

9 Entrevista com Calixto Zarate, UAN, Assunção, 07/09/10.

10 Entrevista com Gabino Medina, Onac, Assunção, 08/09/10.

11 Entrevista com Luiz A. Ovidedo, Cepacoop, Assunção, 08/09/10.

ou diretamente os governos dos seus países, que, por sua vez, pressionam o governo dos que "lançaram" o "bumerangue". Diferentemente desse modelo, no entanto, no caso estudado as organizações domésticas se valem de uma instância regional de cuja construção participaram para pressionar seu governo.

Outra diferença importante é que Keck e Sikkink analisaram o bumerangue em contextos de governos autoritários. No caso do Paraguai dos últimos anos, trata-se de uma interação com um governo democrático e não uma situação de falta total de canais de diálogo. Mesmo assim, como as entrevistas mencionadas acima ressaltam, pelo menos para alguns atores o diálogo nacional continua sendo muito difícil, e a Reaf funciona como uma alavanca importante para as suas demandas.

### Trampolim: a difusão de temas para a escala regional

Para as organizações brasileiras que participam da Reaf sua atuação tem menos o intuito de atingir o governo nacional, e mais de resolver questões que estão colocadas na esfera transnacional, no sentido de que afetam agricultores familiares de vários países. Evidentemente, o âmbito nacional não é abandonado, e a expansão da ideia de agricultura familiar para o Mercosul contribui para respaldar as organizações em sua ação doméstica, mas esse não é o foco principal. Diferentemente do caso paraguaio, o espaço regional não é uma extensão do espaço doméstico, e sim um novo local de disputa de projetos políticos. Como afirma a secretária de relações internacionais da Contag, a justificativa para participar da Reaf se dá a partir de uma visão de que o destino da agricultura familiar no Brasil é similar ao dos demais países:

> A conjuntura perpassa as fronteiras do Brasil. Se há concentração de terra em todo local, não é por acaso, as grandes empresas da China compram terra na América do Sul. Se não tomarmos pé de tudo isso, não tem lugar para nós agri-

cultores. Precisamos estar reunidos até para identificar as pautas conjuntas[12].

A mesma entrevistada argumenta que a existência da Reaf contribui para fortalecer o diálogo com movimentos de outras regiões, interessados em entender o processo desenvolvido na América do Sul. De fato, na abertura da XIV Reaf, no final de 2010, a Contag anunciou que há uma discussão no sentido de criar uma aliança internacional de organizações regionais da agricultura familiar, que reunirá a Coprofam, a Rede de Organizações Camponesas e de Produtores Rurais do Oeste da África (Roppa) e a Associação dos Agricultores Asiáticos pelo Desenvolvimento Rural Sustentável (AFA).

Para a Fetraf, a participação na Reaf é ao mesmo tempo uma forma de ocupar espaços políticos (e assim consolidar-se como representante sindical do segmento familiar da agricultura) e uma resposta aos desafios que a economia globalizada traz para sindicatos e movimentos sociais do campo. O representante da Federação tem uma avaliação parecida com a da Contag sobre a importância da atuação internacional:

> Não adianta ter políticas bem-sucedidas nos países se nas definições das principais políticas internacionais [a agricultura familiar] não é sequer citada pelos negociadores [...][13].

O segundo tipo de organização brasileira representado na Reaf - que chamamos aqui de organizações de atuação "subnacional" - também utiliza esse fórum como trampolim, tendo como objetivo lançar ideias e debates para além das fronteiras nacionais. No entanto, há uma diferença que merece ser ressaltada. Essa atuação se dá a partir de questões relacionadas com seus campos específicos de ação: o comércio dos produtos das mulheres, no caso do MIQCB; a luta pela inserção da abordagem de gênero

12 Entrevista com Alessandra Lunas, Contag, Brasília, 25/06/10.

13 Entrevista com Marcos Rochinski, Fetraf, Brasília, 16/11/10.

nas políticas, no caso do MMTR-NE, e a defesa de trabalhadores extrativistas no caso do CNS. Para os representantes dessas organizações na Reaf, é possível contribuir para o debate sobre a agricultura familiar no Mercosul a partir do conhecimento que têm sobre as suas realidades específicas.

> Quanto cheguei lá [na Reaf], como já tinha um ano de discussão, comecei a ler os documentos e a perceber que não tinha nada da questão de gênero. [...] Foi quando comecei a participar com mais força [...][14].

> Quando chegamos aqui [na Reaf] ficamos bastante perdidos, porque só se falava em suíno, tomate, leite [...] Mas aos poucos fomos falando da forma de produzir dos extrativistas [...]. Tem uma diferença muito grande na nossa fala, principalmente no nosso modo de produzir, em relação aos produtores tradicionais da agricultura familiar [...]. Nossas primeiras falas foram um diferencial, todo mundo parou para olhar, querendo saber de onde éramos [...]. Isso acabou nos motivando a ficar na Reaf[15].

Portanto, para as organizações brasileiras, a participação na Reaf se justifica a partir de uma visão que extrapola a capacidade de influência no âmbito nacional. Diante de uma estrutura de oportunidade política doméstica – que esses atores percebem como, pelo menos, relativamente aberta –, a Reaf aparece como fórum para ampliar e fortalecer alianças internacionais e exportar políticas públicas.

## Conclusão

A análise da ação de organizações da sociedade civil do Brasil e do Paraguai na Reaf mostra a importância de estudar o funcionamento de fóruns multilaterais que congregam atores es-

---

14 Entrevista com Margarida Pereira da Silva, MMTR-NE, Brasília, 12/05/10.

15 Entrevista com Milton Santos, CNS, Brasília, 16/11/10.

tatais e não estatais para compreender melhor as múltiplas formas de ação coletiva transnacional e seus possíveis impactos. No caso da Reaf, organizações de diferentes tamanhos e com distintas trajetórias políticas usam caminhos peculiares para chegar ao espaço regional, ora usado como bumerangue para incidir sobre governos nacionais, ora usado como trampolim para alçar temas à pauta do bloco e para ampliar alianças internacionais.

A pesquisa ratifica a visão teórica de que o estudo da ação transnacional não pode ser desvinculado da análise da ação nas escalas local e nacional. Este capítulo também reforça a literatura que chama a atenção para as oportunidades políticas como variável que ajuda a explicar a ação. No entanto, os casos do Brasil e do Paraguai mostram que tanto oportunidades políticas domésticas abertas como fechadas podem servir como justificativa para a ação transnacional. Importa, portanto, compreender como os diferentes atores percebem as oportunidades políticas e as utilizam para melhorar sua capacidade de influência.

De forma mais geral, nosso estudo mostra que a ideia de agricultura familiar foi exportada do Brasil para os outros países do Mercosul, tornando-se referência importante para a sociedade civil e, posteriormente, para os governos da região. Nesse sentido, representa uma contribuição para a literatura sobre difusão, que busca compreender como novas ideias podem ser disseminadas na arena internacional.

## Referências


ALEMANY, C. & LEANDRO, B. (2006). *Análises e propostas para a participação cidadã no Mercosul*. Montevidéu: Friedrich Ebert Stiftung.

ALMADA, F. & BARRIL, A.G. (2006). *Caracterización de la agricultura familiar en el Paraguay*. Assunção: Iica.

BORRAS JR, S.M.; EDELMAN, M. & KAY, C. (2008). "Transnational agrarian movements: origins and politics, campaigns and impacts". *Journal of Agrarian Change*, vol. 8, n. 2 e 3, p. 169-204.

BRASIL (2010). *Censo Demográfico 2010* – Sinopse do Censo e resultados preliminares do universo [Disponível em http://www.ibge.gov.br/home/presidencia/noticias/imprensa/ppts/0000000402.pdf – Acesso em 25/09/11].

CARVALHO, P.D. (2011). *Ação coletiva transnacional e Mercosul* – Organizações da sociedade civil do Brasil e do Paraguai na Reaf. Brasília: Unb [Dissertação de mestrado].

COPROFAM (2005). *Memoria historica de Coprofam* [Documento produzido para a V Assembleia da Coordenadora das Organizações de Produtores Familiares do Mercosul (Coprofam), Montevidéu, 26-28/10].

______ (1996). *Declaração de Rosário*. Rosário, Arg. [Disponível em http: //www.coprofam.org/admin/uploads/archivos/documentos varios/nb68kb9j0__DeclaraciondeRosario-1996[1].pdf – Acesso em 23/02/10].

GOODWIN, J. & JASPER, J. (1999). "Caught in a winding, starling wine: the structural bias of political process theory". *Sociological Forum*, vol. 14, n. 1, p. 27-54.

IMIG, D. & TARROW, S. (orgs.) (2001). *Contentious Europeans*: protest and politics in an emerging polity. Lanham, Oxf.: Rowman & Littlefield.

JASPER, J. (2009). *After the big paradigms: social movement theory today* – Politics and Protest Workshop, Cuny Graduate Center, 5 fev. [Disponível em http://sites.google.com/site/politicsandprotest/ – Acesso em 23/02/11].

KECK, M. & SIKKINK, K. (1998). *Activists beyond borders*: advocacy networks in international politics. Ithaca/Londres: Cornell University Press.

MERCOSUL (2007). *Mercosul/GMC/RES*, n. 25: resolução [Diretrizes para o reconhecimento e identificação da agricultura familiar no Mercosul] [Disponível em http://www.sice.oas.org/trade/mrcsrs/decisions/dec2507p.pdf – Acesso em 21/02/11].

______ (2004). *Mercosul/GMC/RES*, n. 11/04: resolução [Cria a Reunião Especializada sobre Agricultura Familiar no Mercosul].

PARAGUAI (2010). *Principales resultados de la Encuesta Permanente de 2010* [Disponível em http://www.dgeec.gov.py/Publicaciones/Biblioteca/EHP2010/Triptico%20EPH%20total%20pais%202010.pdf. – Acesso em 25/09/11].

______ (2002). *Lei n. 1863*, de 30/01 [Estabelece o Estatuto Agrário].

REAF (2010). *Ata da XIII Reunião regional da Reaf.* Mar del Plata, 04/06 [Disponível em http://www.mda.gov.br/reaf/sobre/documentos – Acesso em 25/09/11].

______ (2009). *Ata da XII Reunião regional da Reaf.* Montevidéu, 04/12 [Disponível em http://www.mda.gov.br/reaf/sobre/documentos – Acesso em 25/09/11].

RIELLA, A. (2002). "Las organizaciones rurales y el proceso de integración regional". *Revista de Ciencias Sociales*, ano XV, n. 20, jun. [Disponível em http://www.cedep.ifch.ufrgs.br/Textos_Elet/pdf/arquivo_6.pdf].

TARROW, S. (2009 [1988]). *Poder em movimento* – Movimentos sociais e confronto político. Petrópolis: Vozes.

______ (2005). *The new transnational activism*. Cambridge: Cambridge University Press.

VON BÜLOW, M. (2010). *Building transnational networks* – Civil Society and the Politics of Trade in the Americas. Cambridge: Cambridge University Press.

# Os autores

### Organizadores

**Maria da Glória Gohn:** doutora em Ciência Política pela Universidade de São Paulo; pós-doutoramento na New School University, Nova York; livre-docente pela FAU/USP. É professora-titular da FE/Unicamp e pesquisadora 1 do CNPq. Vice-presidente do RC 47, da Associação Internacional de Sociologia. É autora de 16 livros sobre teorias dos movimentos sociais; movimentos, associações civis, Ongs e formas colegiadas de participação social; educação não formal; e história dos movimentos sociais.

**Breno Bringel**: doutor em Ciência Política. É professor do Departamento de Ciência Política III da Universidade Complutense de Madri e do Instituto de Estudos Sociais e Políticos (Iesp), da Universidade Estadual do Rio de Janeiro (Uerj). Suas pesquisas e publicações versam principalmente sobre ações coletivas e movimentos sociais e as dimensões espaciais do ativismo transnacional.

### Autores

**Alfredo Falero:** doutor em Sociologia. Docente e pesquisador do Departamento de Sociologia da Facultad de Ciencias Sociales da Universidad de la República do Uruguai. Pesquisa e publica sobre processos globais, América Latina e movimentos sociais.

**Céli Regina Jardim Pinto:** doutora em Ciência Política pela Universidade de Essex (Inglaterra). Pesquisadora 1 do CNPq. Professora do Departamento de História da Universidade Federal do

Rio Grande do Sul e do Programa de Pós-Graduação em Ciência Política da Universidade Federal de Pelotas.

**Enara Echart Muñoz:** doutora em Relações Internacionais pela Universidade Complutense de Madri. É pesquisadora do Instituto Universitario de Desarrollo y Cooperación (Iudc-UCM) sobre cooperação e desenvolvimento, movimentos sociais globais e migrações transnacionais. É autora de vários livros, como: *Movimientos sociales y relaciones internacionales – La irrupción de un nuevo actor* (2008).

**Fabricio Pereira da Silva:** professor-adjunto de Ciência Política e Sociologia da Universidade Federal da Integração Latino-Americana (Unila). Possui graduação em História pela UFRJ e doutorado em Ciência Política pelo Iuperj. Tem experiência nas áreas de História e Ciência Política, com ênfase em Política Latino-americana Contemporânea.

**Flávia Braga Vieira:** socióloga e doutora em Planejamento Urbano e Regional e professora da Universidade Federal Rural do Rio de Janeiro (UFRRJ). Desde 1998 trabalha com pesquisa e assessoria junto a movimentos sociais rurais no Brasil. Sua tese de doutorado foi publicada com o título *Dos proletários unidos à globalização da esperança*: um estudo sobre internacionalismos e a Via Campesina.

**Geoffrey Pleyers:** pesquisador do FNRS da Universidade de Lovaina (Bélgica). Leciona as disciplinas de Sociologia da Globalização e dos Movimentos Sociais nessa universidade e na École des Hautes Études en Sciences Sociales de Paris. Foi organizador de diversos livros e números de periódicos acadêmicos, sendo autor de *Alter-globalization – Becoming actors in the global age* (2011).

**Ilse Scherer-Warren:** doutora em Sociologia pela Université de Paris X. É professora-titular do Departamento de Sociologia e Ciência Política da UFSC e pesquisadora 1 do CNPq. Membrofundadora e coordenadora do Núcleo de Pesquisa em Movimentos Sociais – NPMS/UFSC (1983).

**Jaime Preciado:** professor e pesquisador da Universidade de Guadalajara e do Instituto Tecnológico y de Estudios Superiores de Occidente (Iteso). Também é membro do Sistema Nacional de Investigación Mexicano (SNI) e ex-presidente da Associação Latino-americana de Sociologia (Alas).

**José Mauricio Castro Domingues da Silva:** doutor em Sociologia pela London School of Economics and Political Science. É professor do Iesp-Uerj. Pesquisador 1 do CNPq. Trabalha com teoria sociológica, principalmente nos seguintes temas: teoria da subjetividade coletiva, modernidade global, América Latina em perspectiva comparada, movimentos sociais e cidadania.

**Marisa von Bülow:** professora do Instituto de Ciência Política da Universidade de Brasília. Possui Ph.D. em Ciência Política pela Johns Hopkins University. É autora de vários textos sobre o tema da ação coletiva transnacional, movimentos sociais e relações entre Estado e sociedade civil, como o livro *Building Transnational Networks: civil society and the politics of trade in the Americas* (2010).

**Marta Carballo de la Riva:** possui graduação em Geografia e História, mestrado em Relações Internacionais e Estudos Africanos, Migração e Relações Intercomunitárias, e Gênero e Desenvolvimento. É consultora e pesquisadora nas áreas de migração internacional, gênero em desenvolvimento e cooperação internacional.

**Pablo Uc:** bolsista do Conselho Latino-americano de Ciências Sociais (Clacso) e do Consejo Nacional de Ciencia y Tecnología (Conacyt) do México. É pesquisador em Ciências Sociais e Humanísticas pelo Centro de Estudios Superiores sobre México y Centroamérica (Cesmeca), Chiapas, México.

**Priscila Delgado de Carvalho:** mestre em Ciência Política pela Universidade de Brasília e graduada em Comunicação Social pela Universidade de São Paulo. Tem experiência na área de comunicação, principalmente com temas ligados a direitos humanos e direitos indígenas. Realizou coberturas de temas políticos internacionais, como eleições na Colômbia e a Assembleia Constituinte na Bolívia.

**Suylan Midlej:** doutora em Sociologia. É professora-adjunta do Departamento de Administração e do Curso Gestão de Políticas Públicas da Universidade de Brasília (UnB). Tem como focos de pesquisa movimentos sociais contemporâneos, participação social na formulação, implementação e avaliação de políticas públicas e corrupção na administração pública.

# Leia Também

territorialmente excluídos? Como implementar a
planejamento da cidade? Este livro lança luzes so
questões, relacionando o pensamento crítico a no
circunscritas na esfera do planejamento, gestão e

A CIDADE DO PENSAMENTO ÚNICO
Desmanchando consensos
Otília Arantes, Carlos Vainer, Ermínia Maricato

Com o título, os autores sugerem que o regime da economia real e simbólica da cidade é parte constitutiva deste novo senso comum, ao qual certamente não se pode chamar pensamento, e já não é mais ideologia, na acepção clássica do termo, que remonta à Era Liberal-Burguesa do velho capitalismo.

O CAMPO DA HISTÓRIA
Especialidades e abordagens
José D'Assunção Barros

Traz um panorama dos campos historiográfi
História hoje, esclarece em linguagem objeti
Micro-História, História Cultural, História Po
História Demográfica, História das Mentalida
Quantitativa e outras.

O PROJETO DE PESQUISA EM HISTÓRIA
Da escolha do tema ao quadro teórico
José D'Assunção Barros

Instrumento essencial para que o historiador tenha em sua mente os caminhos que serão percorridos. Orienta não só na elaboração de um projeto de pesquisa, mas também o desenvolvimento da pesquisa em História. Assim, se pode compreender como se faz História hoje, através de um raciocínio lógico pautado em diversos documentos.

EDITORA VOZES LTDA.
Rua Frei Luís, 100 – Centro – Cep 25689-900 – Petrópolis, RJ
Tel.: (24) 2233-9000 – E-mail: vendas@vozes.com.br